情商高的人，不会输在说话上

张笑恒 著

江西美术出版社
全国百佳出版单位

图书在版编目（CIP）数据

情商高的人，不会输在说话上 / 张笑恒著. -- 南昌:
江西美术出版社，2020. 3
ISBN 978-7-5480-7424-3

Ⅰ. ① 情… Ⅱ. ① 张… Ⅲ. ① 语言艺术－通俗读物
Ⅳ. ① H019-49

中国版本图书馆 CIP 数据核字（2020）第 027156 号

出 品 人：周建森
企　　划：北京江美长风文化传播有限公司
策　　划：北京春风化雨文化有限公司
责任编辑：楚天顺　李小勇
版式设计：孙雨芹
责任印制：谭　勋

情商高的人，不会输在说话上

QINGSHANGGAO DE REN BUHUI SHUZAI SHUOHUASHANG

作　　者：张笑恒

出　　版：江西美术出版社
地　　址：江西省南昌市子安路 66 号
网　　址：www.jxfinearts.com
电子信箱：jxms163@163.com
电　　话：010-82093808　　0791-86566274
邮　　编：330025
经　　销：全国新华书店
印　　刷：北京彩虹伟业印刷有限公司
版　　次：2020 年 3 月第 1 版
印　　次：2020 年 3 月第 1 次印刷
开　　本：710mm × 960mm　1/16
印　　张：19
ISBN 978-7-5480-7424-3
定　　价：39.80 元

前 言

随着社会的发展，情商（EQ）一词，越来越频繁地出现在人们的生活中。人们常常将情商与说话挂钩，情商高的人，说话让人如沐春风；情商低的人，说话就像一个“大霹雳”，时常“噎死人”，让人下不来台。

在人们崇尚颜值的时候，情商高的人更注重自己的“言值”。他们与人沟通的时候，善于掌握主动权，即使与陌生人打交道，也勇于踏出第一步，不会让别人陷入尴尬之中。情商高的人，非常善于找话题，与任何人聊天，都能够让对方感觉到有趣。他们说话不会随心所欲，而是让对方感到舒服。所以，人们喜欢和高情商的人聊天，因为永远不必担心尴尬和冷场的问题。

情商高的人，懂得说话的时候尊重对方。其实，所有的聊天，都建立在互相尊重的基础上。“对于这件事情，我的看法是不能够继续下去，因为……”还没等你说完，就被人用“我认为……”打断，不论是谁遇到这样的事情，想必都不会高兴。随便打断别人说话，是一种非常不尊重别人而且低情商的行为。想要获得一个好人缘，你就必须杜绝这一行为的发生。

情商高的人聊天时，会运用说话的技巧，不会自顾自地只聊自己感兴趣的事情。他们会随时关注对方说话的状态，一旦发现不妥就会立刻终止话题。他们可以兼容各种不同的意见，接受彼此观念的碰撞，就算自己不认同，也会微笑以对，不会质疑他人。

说话拥有分寸感，是一个人最高情商的体现。有的人说话时，认为声音越大越有理；有的人，喜欢对别人的错误横加指责；有的人说话武断；有的人喜欢通过贬低别人来抬高自己……这些都会使谈话令人感到不悦。你要有胸怀包容他人的错误，给彼此留有余地。即使是出于为对方好的目的，也不必太过直言不讳。情商高的人能够把握住每件事情的分寸，既不会让人感到疏远，也不会表现出太过亲近。

“我这个人说话比较直”，这句话几乎所有说话伤人的人都会说。高情商的人如蔡康永同样不能接受这样的人，他在《蔡康永的说话之道》中这样写道：“做自己跟没礼貌常常就是一线之间，每次听到别人说：‘我这个人说话就是比较直。’我就开始冒汗，因为接下来一定会有一些被他归类为‘直’，但其实挺刺耳的话出现。例如：‘你最近胖啰?’‘怎么还不结婚?’‘你记得我吗?’”

与人交往，并不是只剩下说话直这一个选项。说话的时候“拐个弯”，即使是指出别人的错误，也不会让人难以接受。尤其是，有一些人喜欢居高临下地说教，这样高人一等的姿态很容易让别人受伤。

情商高的人，懂得什么话该说，什么话不该说。难听刺耳、破坏别人兴致的话，藏在心里即可，不必说出口。即使是真话，别人也不会爱听。他们懂得换位思考，不会恶意开别人玩笑，不会在背后说人坏话，不会在失意人面前炫耀自己的成就……只有做到这样，才会让别人愿意和你交往。

情商高的人，拥有恰到好处的幽默感。或许生活很枯燥，他们却总是能够捕捉到乐趣，并且将快乐带给身边的人。他们说话幽默，能够逗得身边的人哈哈大笑，能够用一句好笑的话打破冷场的尴尬，敢于说一些自己的“糗事”娱乐大家……是当之无愧的“救场王”。

在职场上，情商高会说话的人，能够获得更多成功的机会。他们能够得到老板的赏识，能够得到同事的喜爱，能够得到客户的青睐。他们懂得拒绝，同时又不会伤害他人。拥有自己的原则，又不会让人觉得难以相处。即使遇到刁难，也能够机智化解。即使遭遇尴尬，也能冷静面对。

正所谓“一句话让人笑，一句话让人跳”。情商高的人，在安慰别人的过程中，不会只与其讲道理，而是拥有同理心，从对方的角度出发，真心实意地安慰对方。他们还会发挥肢体语言的力量，用温暖的拥抱帮助对方摆脱失败的寒冷。

本书独具匠心地选用各种具体案例，深入浅出地述说如何正确地与人聊天，帮助你在社交场合快速打开聊天之路，让你在充满趣味性的阅读中领悟与人说话、表达自我、传递信息、沟通感情、交流思想的技巧与艺术。

熟练掌握本书中表达自我的方法与技巧，你就能在社交生活中如鱼得水，受人瞩目；在职场中游刃有余，泰然自若；在亲朋好友面前妙语生花，应付自如；在恋人面前甜言蜜语，你侬我侬；在社交网络上巧舌如簧，激扬文字。你就会发现，其实成为一个情商高，会说话的人并没有想象的那么难。

目　录
contents

第三章　最高的情商，是说话有分寸

第四章　换个表达方式，沟通难题瞬间化解

第五章　有些话能忍着不说，就是高情商

第六章　恰到好处的幽默，才是高情商的体现

第七章　防尬聊，高情商人的字典里没有“冷场”

第八章　句句暖心，让失意者满血复活

第一章
情商高的人，能把话说到人心里

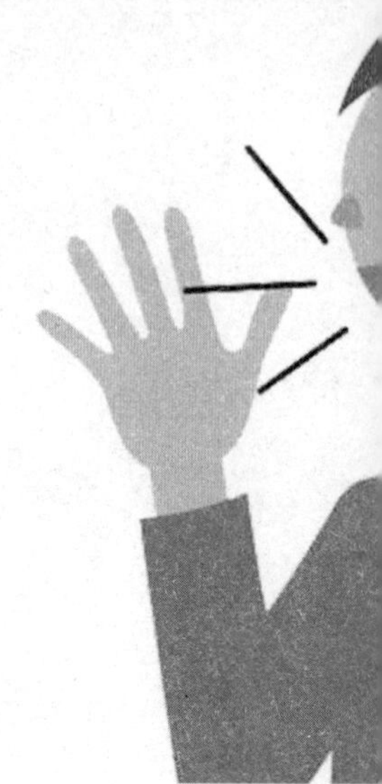

你的颜值，往往会由你的“言值”塑造

每个人都喜欢美好的事物，所以非常在意颜值。但这只是浮于表面的美好。一个人如果不会说话，再漂亮、帅气，也难以让人对其产生好感。奥黛丽·赫本曾对女儿说过：“若要优美的嘴唇，要讲亲切的话。”“优美的嘴唇”可以理解为颜值，“亲切的话”可以理解为“言值”。简而言之，就是一个人的颜值可以通过他的“言值”来塑造。

交谈，是贯穿人们整个生活的事情。每个人每天都要说很多的话，但是不会说话和会说话带来的效果是不一样的。与会说话的人交谈，能让人有如沐春风之感。

有一次，汪涵去参加综艺节目《开讲啦》，主持人问他：“如果何炅和杨乐乐同时掉到水里，你会先救谁？”

面对这种问题，怎么选都尴尬。汪涵机智地说道：“如果何炅和杨乐乐同时掉到水里，根本不用我下水，他自己立马就能把杨乐乐救上来。”

话音一落，观众席上顿时响起了热烈的掌声。

“言值”常被人们誉为人的第二张脸，代表了一个人的内涵。情商高的人可以通过“言值”给他人留下一个好印象；而情商低的人，却经常因为不会说话，徒惹别人生气。

当然，我们说成为一个“言值”高的人，并不是说在言语上讨好别人，而是在对的场合说对的话。比如，你去某个朋友家做客，对方辛辛苦苦做大餐招待你，结果你却说：“这些菜真是太难吃了，下次我们还是出去吃吧。”顿时，让对方陷入尴尬之中。朋友心中肯定会很难受，认为你太不会说话了。次数多了，你们的友谊甚至会出现裂痕。

情商高的人，面临同样的情况，则会说：“真是太好吃了，不过我一来你就这样辛苦，我很过意不去，下一次我请你出去吃吧。”既肯定了对方的付出，让对方心中高兴，又委婉地表达出自己的意思，两全其美。

很多时候，会说话的人言语之间能透露出对他人的关心。有一次蔡康永采访成龙大哥，他并没有问那些老生常谈的问题，第一句就说：“拍电影很累吧?”

成龙大哥忽然哽咽地说：“我累了，真的累了。”

情商高的人，能够察觉别人微小的情绪，然后向对方表达关心之意，用言语去温暖别人。《增广贤文》里有一句话是：“良言一句三冬暖，恶语伤人六月寒。”一句理解关心的话，能够给他人带来鼓励、安慰，即使在寒冬中也能感觉到温暖；一句伤人的话，即使在炎热的夏天，也让人心中感到寒冷。

会说话，并不是一件简单的事情。尤其是在遭遇尴尬的时候，不会说话的人说一些不合时宜的话，通常会让局面朝着更加糟糕的方向发展。情商高的人，如果能够用一句话就将别人从尴尬之中解救出来，那别人又怎会不心生好感呢?

有一次，易烊千玺上节目，写错了蔡康永的名字，节目之后他发了一条微博，“罚抄错别字100遍”，结果引来众多网友的嘲骂。

蔡康永紧接着在这条微博下评论道：“笔画正确的人很多，但真正值得尊重的，是写字者的心意。谢谢你祝我开心，你也要开心哈。”

一句话，不但将易烊千玺从尴尬中解救出来，还向众人展示了自己的高情商，收获了大批粉丝。所以，在生活中，你需要不断提高“言值”，成为会说话的人。这样即使你长得并不好看，依然会有很多人喜欢你。

黄渤的颜值在娱乐圈中并不突出，但这不妨碍观众们喜欢他。有一次，他在一个酒店里接受采访，房间里的灯光非常暗。

黄渤一坐下，就开玩笑地说道：“坐在这儿就跟提审犯人似的。”

记者也觉得十分不妥，于是不安地说道：“要不然咱们两个换一下位置。”

黄渤大手一挥，从旁边拿来一盏台灯打开补光，说道：“这样更像一些。”

记者听了顿时笑了起来，紧张尴尬的气氛顿时消失不见。

柏拉图曾说过：“智者说话，是因为他们有话要说，愚者说话则是因为他们想说。”有些人，经常标榜自己颜值高、情商高，但是说话却经常使人难堪，并且用“我说话比较直”来掩饰其情商低的事实，很难让人喜欢得起来。

真正情商高的人，说话的时候会凝视对方的眼睛，能够体谅别人，在不违背自己意愿的前提下，把话说得真诚友善，不让人陷入尴尬。所以，即使你的颜值不高，也不必为此自卑，努力提高自己的“言值”，成为一个会说话、有内涵的人，人际关系就会变得越来越好。

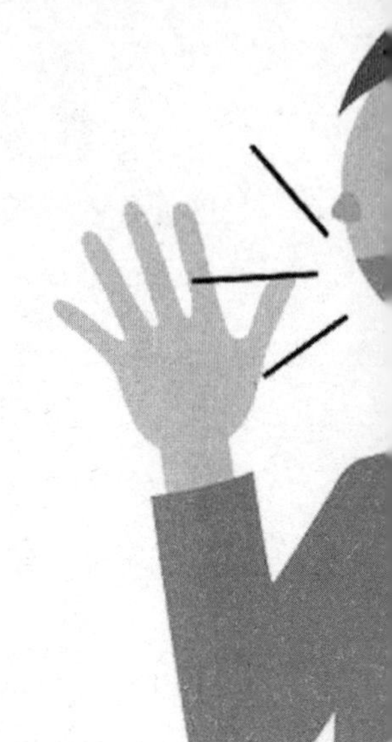

主动破冰，掌握交际的主动权

在社交场合，经常会看到有的人站在那里，等着别人主动和他打招呼，从来不会主动迈出第一步。他把自己放在被动的位置上，还经常抱怨人缘不好，十分让人难以理解。

打招呼，是人与人交往的起点，是主动表现好感的手段。情商高的人，与人见面会第一时间向对方问好，给对方留下一个好印象。

附近开了两家奶茶店，一家生意红火，一家生意冷清。其实，两家奶茶店的奶茶，口味、价格和分量差不多，为什么会有这么大的差异？

有一人好奇其中的原因，于是随机选了一天，对两家店做了调查，找到了造成这种结果的根本原因。

生意好的那家店主，每当有客户上门，就会微笑着向客户打招呼，然后亲切地问对方需要什么；另一家生意不好的店，老板从来不会主动和客户打招呼，说话也冷冰冰的。看到老板这个态度，客户心中不舒服，通常都会立刻出来选择另一家店。

与人交往主动打招呼，是打开社交的第一扇大门。比如说，你需要去拜访客户，与客户之间的关系是陌生的。他对你的第一反应是抗拒，抱有戒心。见面的时候，你第一时间面带微笑，向对方打招呼。这不仅是最基本的礼仪，也可以打破横亘在两人间的隔阂，让对方放松下来，建立新的关系，让事情朝着你期望的方向发展。

通过打招呼，你还能够判断客户今天情绪的好坏。如果他的心情好，你打招呼的时候，他也会微笑着回应你；如果他的心情不好，你打招呼的时候，他可能会面无表情或者笑得很勉强。这个时候，你就能够判断出今天是否适合继续交谈，是否能够得到预期的结果。或者，你能够通过解决用户的烦恼来达到预期的目的等。

遇到熟悉的人，主动打招呼，可以快速拉近彼此的距离，进入“熟人”模式，从彼此的谈话中获取信息，展开海阔天空的聊天。遇到领导主动打招呼，一句简单的问候，就能够让领导对你有一个好印象，增加你的曝光度，有新的工作项目时领导也可能先想到你，何乐而不为?

生活中，人们都喜欢主动积极的人。有时候，你可能遇到一个害羞的人，对方不好意思和你说话。这个时候你主动打招呼，可以向他传递友好、愿意继续交谈的信息，他也能够放下羞涩，鼓起勇气和你交谈。

那些不喜欢主动打招呼的人，往往会给他人留下冷漠、姿态高、没有礼貌的印象。没有人会喜欢和这样的人保持联系，即使偶然间遇到，也可能假装没有看到。

很多时候，喜欢主动打招呼的人，能够抓住更多成功的机遇。

电视剧《都挺好》播出之后，收视率一路增长。女主角苏明玉的成功，更是为人所津津乐道。

在第三集，苏明玉为了实现出国的梦想，做各种兼职。有一天，她在路边发传单，遇到了人生中的贵人老蒙。

苏明玉主动和老蒙打招呼，并且向他推销自己的产品。老蒙是一家公司的老总，很好奇眼前的这个姑娘为何有这么大的野心。

苏明玉借此向老蒙述说自己要出国的梦想，并且声称自己是一个值得投资的人。老蒙欣赏她的野心，将其收为徒弟，成功地带进了公司。最后，苏明玉通过打拼，成为公司的一把手。

很多时候，主动和别人打招呼能够让你收获意想不到的好结果。同时，打招呼是社交场合最安全的聊天方式。“你好”“早上好”“吃饭了吗”……几乎不涉及任何隐私和自我缺点暴露，既能打开聊天局面，又能够收获他人的好感。

从你打招呼的语言中，听者能够根据你的声音、语速、音调和遣词用句来判断你的情绪和是否用心进行这一次的谈话。反之亦然。

打招呼这一行为也有着很多的学问，正确地打招呼能给他人留下好印象，错误地打招呼却会引起别人的厌恶，甚至招来杀身之祸。比如说，在电视剧《天龙八部》中，岳老三最讨厌别人跟他打招呼时称呼他为“岳老三”，一旦有人这样叫，他就会很愤怒甚至和对方拼命。所以，在打招呼的时候，你要根据实际情况去甄别判断，用适合的打招呼方式，开始最浅层次的社交。如果你想要拥有一个好人缘，不妨化被动为主动，从面带微笑，主动打招呼开始，给他人留下一个好印象。

记住别人的名字，就是最好的尊重

名字，是一个人在社会上的名片，是社交场合别人认知他的第一个具体符号。当你与人交往时，若能够在见面的一瞬间就准确叫出对方的名字，就会给对方传递一个善意的讯号：我记得你，也很在意你，所以记住了你的名字。

比如说，你走在热闹的街上，多年没见的朋友只是远远瞥见你，就能准确地叫出你的名字，你的心中是不是会很高兴？或者是一个工作上只合作过一次的人，再次见面就能够准确叫出你的头衔，你是不是就会对他留下好印象？情商高的人，在与人打交道时，通常都可以准确地叫出对方的名字，给对方留下一个好印象。

美国前总统罗斯福，曾有一个得力的助手，名叫吉姆。吉姆能准确叫出五万个人的名字，非常厉害。

吉姆年轻的时候，曾在一家石膏企业工作。他的工作，需要和很多人打交道。为了做好自己的工作，他自创了一套记忆姓名的办法。每当他遇到一个陌生人，都会礼貌地打探清楚对方的姓名、工作等各种信息，并将其牢牢地记在脑中。凭借这种方法，吉姆交上了很多朋友。

后来，吉姆成为罗斯福的助手。为了帮助罗斯福竞选总统，他跋涉12000里为其拉选票。每到一个州，他就与人聚餐，并且亲切地与其交谈。

为期19天的访问结束了，吉姆回去之后，立刻给这些日子里见过的每一个人写信，让他们将亲友名单寄给他。

如此一来，吉姆认识的人越来越多。他每天甚至要写800封信，但是，在每封信中，他都能准确地叫出对方的名字，说出对方做的是什么工作。在信的最后，他会请求对方支持罗斯福。吉姆的这项本领，对罗斯福成功当选美国总统帮助很大。

心理学家研究发现："每个人的内心深处，都渴望被别人在乎、关注和尊重。"在社交场合，能表现出你关注和尊重他人最明显的事情，就是能叫对他人的名字，这不仅仅是一种礼貌。比如说，当你要和客户谈项目时，连客户的名字都不知道，又该怎么进行接下来的谈判呢？尤其是，在对方已经提前告诉你他的名字的前提下，如果你还不能够准确称呼对方，那就不是失礼，而是在侮辱人了。

事实上，能够"准确叫出对方的名字"，在各个领域都能派上用场。欧美人在与人交谈时，就常常带着对方的名字。比如，在好莱坞的电影里，我们总是会听到这样的台词："嘿，汤姆，我的小伙伴儿！""嗨，彼得，你今天没吃早饭吗？"……

也许这样的说话方式听上去很别扭，但就是在这一声声"直呼其名"中，双方的关系变得亲密了，彼此的距离被拉近，宛如彼此早已相交多年。因为能够被他人准确地叫出名字，就意味着对方已经认可了他并尊重他，让他觉得自己是重要的人。

被人们称为世界上最伟大的销售员的乔·吉拉德就曾经说过，“世界上最美妙的声音是什么”，是“听到自己的名字从别人的口中说出来”。然而，生活中我们很多人不习惯或者不喜欢记别人的名字，认为没那个必要，自己只要记得这个人就行。殊不知，你连作为一个人最重要的名片的名字都记不住，又如何向别人证明，你记住了他这个人呢？

有一次，某知名电器公司董事长打算请代理商和经销商吃饭，为了避免在席间冷场，董事长私下让秘书按照每位来宾的座位，把他们的名字依次记下来，交给他。

拿到名单，董事长连夜赶工，背下了所有人的身份信息。等到了饭桌上，每当董事长和这些老板交谈时，总能随口叫出他们的名字，并且准确无比。这些老板非常惊讶，觉得这个公司很重视与他们的合作，都十分感动。在之后的合作中，他们也更加地卖力。

名字虽然只是一种文字符号，但它所代表的是以其为名的那个人。作为社会中的一员，我们每个人都不是孤立存在的，都与社会有着紧密的联系。而起到联系作用的，正是一个人的名字和他的社会职务，以及身份。换言之，名字和头衔就是我们在社会上的象征和身份标志，因此，记住它们就是对一个人最大的尊重和认可，是拉近彼此关系的利器。

很多人之所以容易忘记别人的名字，完全是因为不够重视这一点，在别人作自我介绍的时候分心走神。当然，如果你的记忆力确实不佳，那么在事后就很有必要将对方的名字用笔记下来，这样不但不会惹对方厌恶，还会让对方产生一种自豪感，因为你是真心实意想记住他的名字的。另外，为了防止以后遇到重名的人，除了名字，最好是把对方的基本情况如性别、工作单位等也记下来。这样，哪怕是多年过去了，我们也依然会记得对方。

名如其人，记住别人的名字，就是给予对方最好的尊重。情商高的人，在与人交往时往往会设立一个“人事档案”，准确记录下各个交往对象的名字及相关资料，以避免见面时张冠李戴，叫错对方的名字。如此一来，也能避免很多尴尬。

初次见面，说好第一句话

情商高的人，与人交往时，对于开场的第一句话十分重视。初次见面的第一句话决定了你在对方心目中的印象，而且这个印象往往十分难以改变。如果开场白不好，给对方留下一个不好的印象，在以后的日子中，你可能需要花费十倍的努力去改变这个印象。甚至有这样一类人，他们会因为对你的第一印象不好而拒绝和你交往，你连改变的机会都没有。一个好的开场白，能让对方放下戒心，迅速拉近彼此的距离。

有一位成功的商人，很多人都喜欢与他交往。有一个朋友向他请教秘诀，他笑着说道：“其实很简单，每次和别人交谈的时候，我都会斟酌之后才开口。尤其是第一次见面的客户，我仔细观察他之后，选择一句最适合当下情况的开场白。”

朋友不解地问道："这有什么区别吗？"

商人说道："区别很大。比如说，我要约见一位客户，观察之后发现他的脸色不好，并且有些心不在焉。这个时候，对方并没有心情和你谈生意。所以，第一句不要围绕生意展开，可以将自己当作他的朋友，关心地问候一句：'先生，您的脸色看起来有些憔悴，有什么我能帮助您的吗？'如果他需要倾诉的对象，就会将困扰他的事情告诉你，并且对你慢慢放下戒心。之后，你谈生意的过程就会变得更加顺利。不管和谁交往，说好第一句话，给对方留下一个好的印象，做事情都能事半功倍。"

通常而言，与陌生人打交道时，因为彼此不熟悉，所以对方会保持较高的戒心。这是正常现象，同时也是一种初次社交障碍。尤其是，很多人因为性格内向，容易紧张，同他人初次见面时不知道该说什么，常常会出现冷场的窘迫局面。不仅对方尴尬，自己也无所适从。

想要说好第一句话，开口就给对方留下一个好印象，关键在于你的话要引起对方的兴趣，让对方在听完你说的第一句话之后，还有继续交谈下去的意愿。

比如说，在寒冷的冬天你与一位陌生人见面，你们通常会以"今天真冷"为开场白。这句话虽然没有错，也能够引出一些话来。但是，它太过普通，引出来的对话可能对彼此可有可无，并没有实际意义。你随时会面临对方失去交谈兴趣、话题终止的险境。

但是，如果你说："北方的冬天实在太冷了，我从小在南方长大，对这种天气实在难以适应。不过，为了能够看到下雪的浪漫，再冷我也要待在这里。"那局面就不一样了。

如果对方同样是在南方长大的，这句话就会引起他的共鸣。说起雪和气候的话题，你们可以聊上"三天三夜"。如果听者是北方人，听到你喜欢北方的雪，内心就会生出一种自豪感和认同感，同时，他还会出于对你生活环境的好奇，抛出各种话题。

你来我往之间，就可以将话题越聊越深入。你就可以拥有更多的机会，将话题的方向不经意间引到你的目的上。

有时候将自我介绍与开场白恰当地结合，既不会让人觉得牵强，又能够让对方在第一时间对你有一个初步的了解，从而产生亲切感，愿意继续和你深入地聊下去。当然，除此之外，与陌生人初次见面，你还可以将下面几个方法融入你的开场白中，以此来打开一个比较好的交谈场面。

（1）攀认关系。

和陌生人初次见面，恰好你身边有他认识的人或者是他身边有你认识的人，第一句话就可以聊这层关系。比如，赤壁之战的时候，鲁肃去见诸葛亮，开口的第一句话就是："我，子瑜友也。"这里的子瑜是诸葛亮的哥哥，同时也是鲁肃的挚友，开口第一句话鲁肃就搭建起了与诸葛亮之间的关系桥梁。

你在与陌生人交谈的时候，第一句话也可以从"关系"下手，快速拉近彼此的距离，让对方放下戒心。同时，在"攀关系"的时候，你要注意，这个关系不能太远，能够将你和对方联系起来的那个人须是对方熟悉并且直接接触的人，这样才能取得较好的效果。

（2）敬慕对方。

对初次见面的人表示敬重仰慕，这样既肯定了对方的成就，又能表达自己的热情。比如说对方是一位讲师，你可以说："我听过您很多的演讲，受益匪浅，今天能够在这里和您见面，真是太荣幸了。"

你说话的时候，要注意分寸，不要太过吹捧，说一些类似"久闻大名""如雷贯耳"等比较虚伪的话，这样只会显得你过于谄媚。同时，很容易让对方产生警戒心，认为你是想要从他那里得到好处。所以，你说话时，最好就是能够将对方的成就点出来，并点明对你有什么帮助。

情商高的人，在与人交谈的时候，十分注意礼貌，向对方问候致意时，通常会用敬语，比如将"你"换成"您"，多用"请""麻烦""劳驾"等词语，即使你相貌平平，也能够借此给对方留下一个温和有礼的印象。

同时，在与陌生人见面时，你还要多观察，从对方的神态、动作、衣着等方面判断对方的心情，选择最适合的开场白，从而拉近彼此的距离，让聊天变得更加顺利。

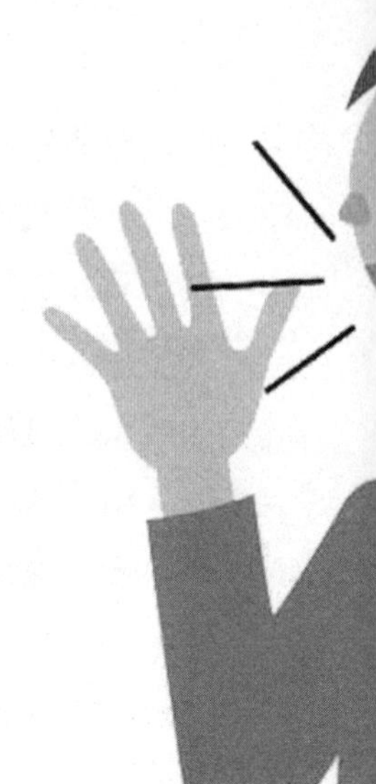

找到共同话题，越聊越投机

与人交谈，有的人说几句话就终结了话题；有的人滔滔不绝，对方恨不能和他聊上三天三夜。为什么会出现如此大的差异？根本原因就在于，你们两个有没有共同话题。正所谓："话不投机半句多。"如果你说的话题，对方根本不关心，无论你讲得多好，都无法引起对方的兴趣。

情商高的人，与人交谈时，会抛出一个和两人都相关的话题。这样，不仅能够快速引起对方的兴趣，而且通过这个共同话题，对方会产生一种"我们是一路人"的想法，从而更加认同你，使聊天更加深入和自然。

有一天，姚欣在朋友圈中看到一位女客户晒的香水。过了几天，恰好她要去拜访这位女客户。去之前，她喷了同款香水。

两人见面之后，客户闻到姚欣身上的香水味，惊诧地问道：

“你也用这款香水吗？”

姚欣面带微笑地说道：“对，这款香水的味道实在是太迷人了，味道不会太浓郁，清新中透露着优雅。喷了之后，我发现自己整个人都变得更加自信了。”

“没错，我也这么觉得，前几天我也买了一瓶，每天闻到这个味道，我都会特别沉醉。”女客户兴致勃勃地同姚欣说道。

在接下来的时间中，两个人就香水的话题不断进行探讨，比如，什么场合该用什么味道的香水，香水的前中后调有什么区别，香水喷在什么位置才正确……两人越聊越投机，姚欣不仅签成了单子，而且和客户成了朋友。

在一场谈话中，如果两个人没有共同话题，就像是两个冰块，永远也撞不出火花。没有人会对自己不感兴趣的话题投入过多的热情，并且他会将没有共同话题的人视为“不是同一个世界的人”，选择远离他们。

我们常说“物以类聚”，就是说具有相同爱好、处于相同阶层、思维差不多的人才能够玩到一起。他们当中随便一个人抛出话题，就有人能够接下去。当一个人遇到和自己有共同话题的人时，往往能够很快接受对方，而遇到一个兴趣不合的人，哪怕半句话也不想与他说。可见，说对方关心或感兴趣的事，本质上就是激起对方谈话的欲望，使对话能够进行下去。

所以说，如果你想要和某个人成为朋友，首先要了解对方，找到对方感兴趣的话题，然后充分了解话题的相关内容，将其变成你们两个人的共同话题。交谈时，你能够言之有物，就会和对方越聊越投机，对方甚至会喜欢上和你聊天。

美国前总统罗斯福，是一个拥有渊博知识的智者。每一个拜访过他的人，都对其赞不绝口，并且会和他成为朋友。

有人甚至回忆说：“无论对方是一名牛仔、骑兵还是纽约的政客、外交官等，罗斯福都知道该和对方谈论什么话题。”

他是怎么做到的？其实很简单，每当有客人预约拜访时，前一天晚上，罗斯福都会翻读这位客人的资料和他特别感兴趣的话题。第二天，他就会和对方谈论这些话题，并且自己也会表现得兴致勃勃。

找准话题，是打动对方心灵的最佳方式，是拉近彼此距离的最有效手段。但是，怎样才能够找到彼此的共同话题呢？那就是在见面之前，通过各种方式尽可能多地了解对方。比如说，如果你们是微信好友，那你就可以通过对方朋友圈的内容，来了解对方的日常生活，从中分析出对方感兴趣的话题。

如果没有资料可供参考，还有什么其他方法，能够帮助我们把握对方感兴趣的事呢？比如，当我们临时约见一位不太熟悉的人时，又该如何谈及对方感兴趣的事情？老实说，这个时候我们能做的就是多找话题，一个一个试探。

当然，在这个试探的过程中，我们一定要谨慎对待，细心观察，留意对方的每一个细节变化。一旦对方对某个话题产生抗拒甚至厌烦情绪，我们就应该立刻抛弃这个话题，如果因为某个话题不合对方胃口，反让对方对我们产生反感，那就太可惜了。

通常情况下，当我们与不太熟悉的人或者陌生人交谈时，在不知道对方兴趣爱好的前提下，比较稳妥的方式之一是从对方从事的工作说起。毕竟，对于大多数人来说，对自己所从事的工作还是比较感兴趣的。另外，我们也可以从时下比较热门的话题入手，娱乐八卦、热点时事、历史事件、科学前沿……总有一个话题是对方比较感兴趣的。

情商高的人，善于观察，从一段简短的谈话中，分析出对方感兴趣的话题，然后利用对方感兴趣的事物为自己铺路架桥，以快速实现双方的深度交流。所以，如果你想要建立一段关系，首先就要找到彼此的共同话题。

不知道聊什么，那就聊吃聊旅游

很多人都会遇到这样一个现象：和人约着一起吃饭，却不知道聊什么话题，两个人面对面坐着，尴尬而又沉默地各自吃饭。或者是，聊天的时候，说完一个话题不知道继续聊什么，尴尬地卡在那里。

因为如果聊与个人相关的话题，非常容易涉及隐私，甚至触及对方的敏感神经，引起不悦。而情商高的人，会选择用“美食话题”来打破僵局。

每次公司聚餐，同事们都在那里聊得热火朝天，只有张媛一个人苦闷地坐在角落里，默默地吃东西。她想要和同事聊天，但她不知道要说什么。

张媛向朋友诉说烦恼：“每次聚会，我都一个人特别尴尬地坐在那里。”

“你为什么不和他们聊天呢?”朋友不解地问道。

“我不知道和他们聊什么。万一说的话惹对方不高兴了怎么办?”

“那下次你可以和他们聊聊美食。你不是最喜欢看《向往的生活》吗?可以从这里面找话题。”

有一次,张媛和同事一起去吃饭,便说起了《向往的生活》中的美食,恰好同事也看过,两个人便围绕节目中嘉宾吃过的美食展开了讨论。越聊越高兴,同事说有一种找到了知音的感觉。

从那以后,两个人经常约着一起去品尝美食,有时候还会叫上别的同事,张媛也逐渐融入到了同事的圈子中。

很多人都喜欢自称为“吃货”,因为美食的魅力是巨大的,并且是贯穿人们整个生活的。正常人都是一日三餐,有时候如果少吃一餐,下一餐便会用更多的美食补回来。所以,“美食”这个话题,永远不会过时。

所以,当你不知道该聊什么的时候,不妨聊一下吃的。比如说,今天你要出去约见客户,可是天气很热,同客户刚见面的时候,你说:“今天真的好热哦!”对方说:“对啊,是很热。”接下来两人就面面相觑,不知道该说什么了。

如果这个时候,你说:“之前您在朋友圈里面晒的晚餐,看起来好美味,是您做的吗?”这句话不仅赞美了对方的手艺,而且引出了接下来的话题。如果对方回答:“没错,是我做的。”你就可以顺势继续夸赞对方。

如果对方回答:“不是我做的,我哪儿有这么好的手艺,是我老公做的。”你就可以顺势夸赞对方的老公厨艺高,而且温柔体贴,愿意下厨给自己的妻子做饭,说一句“有这样一位老公,您真的是太幸福了”,在对方心花怒放的时候,就可以深聊下去。

很多时候,聊天气、时事或者是事业等话题,都容易冷场,因为双方对这类话题的了解程度会有差异。某个话题可能你非常了解,而对方只是知道个皮毛，或者根本听不懂你说的是什么，聊天如何继续下去？

看过这样一个案例：有一个叫张俊杰的人，非常会说话。有一天他碰到了一个陌生人，两个人一起聊天。

陌生人问他：“你老家是哪里的？”

张俊杰回道：“某某小镇，一个非常偏远的地方。”

陌生人：“确实够偏远的，我从来没有听过。”

张俊杰：“对，很少有人会知道这个地方。”接下来张俊杰就开始向对方解释这个小镇的位置在哪里。陌生人并不感兴趣，有些意兴索然，聊天到这里应该就停止了。但是，张俊杰话题一转：“但是，我们那里有很多特色美食，而且很多小吃都是从我们那里出来的。”

听到这里，陌生人眼睛一亮：“哦？具体都有什么？说出来听听。”

张俊杰便开始向对方介绍各种特色小吃，然后说道：“而且我们小镇风景特别好，很多人都会去旅游，吃着美食，赏着美景，人生一大享受。”

这个时候，陌生人已经全神贯注了，眼睛盯着张俊杰，希望他不要停下来，说得越多越好。

蔡康永曾经说过：“当你和别人聊天没有话题时，那就聊吃的！吃是永恒且通用的话题，作为闲聊的话题很少会有人拒绝。它既不涉及个人隐私，又能够帮助你营造轻松的谈话氛围。”

除了聊吃的之外，旅游这个话题也能够引起对方的兴趣。随着人们的生活越来越富裕，旅游已经成为人们日常生活的一部分。交谈的时候，聊一下旅游，也能快速打开聊天局面。

比如，你和一个陌生人聊天的时候，他说“我的老家在××市”，你接着说：“这个地方我知道，之前我去旅游过，那里风景如画，可真是太美了。”你的赞扬会让对方感到十分骄傲，对你心生好感的同时产生继续聊下去的欲望。

所以，当你和别人聊天时，如遭遇冷场，不妨用“美食”或者“旅游”的话题来救急。同时，你还可以根据对方性别选择合适的话题。比如，如果对方是女性，就可以从“穿着”“化妆”等话题入手；如果对方是男性，则可以从“足球”“汽车”等话题入手。

少泼冷水，真诚赞美

很多时候，人们将“情商”一词妖魔化了，认为只有马云、俞敏洪、黄渤、蔡康永等名人才拥有高情商。普通人，情商低是一种正常表现。这是一种错误的认知。其实，想要提高自己的情商并不难，只要你明确情商的底线——少泼冷水多夸赞，然后身体力行地去执行，你也会慢慢变成一个受欢迎的人。

张晴刚刚失业，她暂时不想找工作，打算做微商。朋友听到她的计划，纷纷劝她：“微商太不现实了，你还是踏踏实实地找份工作吧。”

张晴听了很沮丧，但又不甘心放弃。一天，她在街上偶然碰见了老同学林华，两人交谈起来。

“我想做微商，不知道能不能行？”张晴很是烦恼地说道。

“这想法很好呀，现在微商做好了利润非常可观，我觉得你可以试一试。”林华鼓励她。

“你真这么想的呀？可大家都泼我冷水，让我取消这个打算。”

“其实，做微商并没有想象中那么难。而且你很聪明，朋友也多，肯定会很快上手的。再说，做微商的成本也不大，即使失败了你也有足够的余地从头再来。”

和林华的一番谈话，让张晴重拾信心，她决定立即行动。最终，她通过自己的努力，将生意做得越来越好。

赞美拥有神奇的力量，美国心理学家威廉·詹姆斯曾说过：“渴望被人赏识是人最基本的天性。”真诚的赞美能够营造一个良好的聊天氛围，让别人打心底产生愉悦之情，乐意与你交往。夸赞别人既是一种自然散发正能量的行为，又是一件既利他又利己的行为。

但是在生活中，总有这样一群人，不管走到哪里都喜欢给别人泼冷水，还总是抱怨自己的人缘不好。这样的人，就是典型的情商低。比如，朋友刚买了一件新衣服，别人都夸好看，你却说：“这件衣服显得你特别胖，还是赶紧换一件吧。”

同事每天努力工作，别人称赞他勤奋，你却说：“那么努力有什么用，又不能升职。”

女朋友想要给你一个惊喜，做了一顿丰盛的晚餐，你却说：“这么多菜，两个人根本吃不完，这不是浪费嘛！浪费是可耻的！”

……

没有人会喜欢和一个总是泼自己冷水的人相处，这不但会打击他的自信心，而且还会让他从心底产生厌恶。如果一个人老是盯着别人的缺点看，习惯性地给他人泼冷水，只会给人留下情商低的印象。这样的人，常常是气氛的破坏者或话题的终结者，若不知收敛，只会越来越不受欢迎。

在社交场合，人们更喜欢和情商高的人交谈，因为情商高的人能让对方感到轻松愉悦，而情商低的人总是会说一些得罪人的话。仔细观察可以发现，情商高的人，善于发现别人的优点，并且对其进行赞美。他们能够对别人的幸事致以衷心的称赞，对别人饱含热情的尝试给予真诚的鼓励，不仅会带给别人信心和快乐，更能令自己感到愉快。面对他人的缺点，会避免提及，对于他人的想法，会及时给予鼓励。

孔子曾说："三人行，必有我师焉。"每个人身上都有值得其他人学习的地方，每个人都有自己的闪光点。只要你有一双善于发现别人优点的眼睛，就不会缺乏夸赞别人的机会。夸赞之词对于被夸的人来说，可能会产生很大的影响，对他的未来会起到一定的积极作用。

何炅在主持综艺节目《奇葩大会》时，曾遇到了一位两年前海选被淘汰的年轻选手，这一次他带着无限的信心重新杀回舞台。

但是，在演说当天，他的表现十分令人失望。在演说的过程中，他逻辑混乱、用力过度，形式大于内容。现场的评选人直接打断他，并且进行了"训斥"。

这个时候，何炅站出来说道："我对你有一种特别亲切的感觉，因为我来这儿之前，也是紧张到不行。但是，当你只是将它看作一个节目时，就会发现'just so so'。你还年轻，一次失败并没有什么，你的人生还有无限的可能。"

每个人都希望自己成为一个情商高的人，不管走到哪里，都能受人欢迎。学会多夸赞别人，不给别人泼冷水，是对情商的最低要求。对别人泼冷水，很容易浇灭别人的热情和对你的好感，还会让别人陷入尴尬中。与人交往，喜欢夸赞别人的人，远比喜欢泼冷水的人更受人欢迎。

所以，如果你想要提高自己的情商，不妨从夸赞别人开始，在融洽的气氛中，不断增加别人对你的好感。赞美别人，也是一门学问。恰到好处的赞美能赢得他人的好感，否则只会让人觉得你虚伪。因此，你要多观察别人，切实找到对方的优点或者具体值得被人夸奖的地方，才会让人觉得真实。

聊天的时候，要懂得激发对方的好奇心

初次见面，要想拉近对方、吸引对方，激发对方的好奇心是关键。一个巧妙的词语、一个诙谐的句子、一个新颖的修辞都能像圣诞节的神秘大礼包一样，让人产生满满的期待。

著名作家李敖口才不凡，往往在演讲中博得满堂彩。

一次，李敖在演讲时是这样开场的："你们终于看到我了，我今天准备了一些'金刚怒目'的话，也有一些'菩萨低眉'的话，但你们这么热情，我应该说'菩萨话'多一些。

"演讲最怕四种人：一种是根本不来听演讲的，一种是听了一半去厕所的，一种是去厕所不会回来的，一种是听演讲不鼓掌的。"言犹未毕，礼堂里已是阵阵掌声。

“当年克林顿、连战等来北大演讲时，是走红地毯进入的，我在进门前也问道：‘我是否有红地毯?’校方说：‘没有，因为北大把你的演讲当作学术演讲，就不铺红地毯了。’如果我讲得好，就是学术演讲；若讲得不好，讲一半再铺红地毯也来得及。”

听到此，台下已是掌声雷动，久久不能停歇。

开场白是显示一个人素养的第一形象，激发对方的好奇心就可以从开场白入手。因为司空见惯的开场白不会给人留下深刻印象，而独特的开场白可以拉近说者与听者的关系，可以消除双方的拘束感，振奋人心，打开局面。所以在初次见面时，想让对方记住你，对你产生好奇，不妨多思考几个开场白、自我介绍。

除了开场白，在对话时也可以卖个关子，让对方注意你的话。卖关子，就是制造悬念，吊人胃口，最简单的卖关子像“你猜咋回事”“后来可是真没想到”，在你们的对话平铺直叙、渐渐平淡的时候，卖个关子，就可以让对方重新提起兴趣，哪怕结果并不是很意外，也足以勾起对方的好奇心了。

如果说话时不按套路出牌，就更能让对方感到惊喜了。有些小说其实情节很普通，但经过作者加工之后，就变得波澜起伏，这就是打破常规、不落窠臼的效果。很多人一张嘴就是常规化语言，比如天气不错，也只会说：“天气真好。”“蓝天白云，心情都变美丽了。”最多也只是用几个修辞，在别人听来，都没有太多的意义，而如果说：“今天天这么蓝，就跟我新买的袜子似的。”对方一定觉得你很幽默。

想要让对方猜不到你要说什么，从而勾起好奇心，方法有很多，可以将两种毫无关系的东西建立联系，也可以欲扬先抑，也可以反其道而行之，出其不意，让对方想不到你会这么回答。我们习惯用固定方式回答问题，但其实我们没有必要非按常规出牌不可，要知道，“物惟求旧，人惟求新”，没有人愿意听陈腐之言。

除此之外，如果你能在初次见面时抛出新观点，那么必然能够打开局面。在信息爆炸的时代，信息随时随地在变，我们的观点如果一成不变，就不会引起别人的兴趣。所以要对每一件新事物都有自己的看法，有创造性的观点，这是谈话中最加分的。

付光伟经过不断打拼，终于升任为大区经理了，而他一上任，就要约见一位大客户。

两人介绍完自己后，一落座，付光伟就微笑着说：“您好，我仔细拜读过您的成功经历，实在让我惭愧不已，您看我的皮肤，都是这些年熬出来的颜色。”

付光伟皮肤比较黑，对方见他自嘲，但也透露出自己久经“沙场”，一下来了兴趣，就问他都去哪里跑过业务。

付光伟简单介绍了自己的经历，但是并没有让对方看出虚实，然后又把话题拉到了对方身上，说：“我看您的经历，您搞过房地产，一定对楼市有很深的研究。我今天来的路上，看到一条新闻，说这里要有大规模拆迁，不知道您听说了吗？”

对方听后一愣，说：“这个还没有，那这里要快速发展了。”

付光伟说：“是啊，不过我认为这里有弊端，特别是贵公司。”然后付光伟为对方分析了这里拆迁会造成什么影响，比如对员工的影响、对企业合作的影响，说得头头是道，对方不住地点头。最后，对方认为付光伟经验丰富，如果合作的话，一定会获益不小，就爽快地签了合同。

在谈话中吸引对方注意力不是毫无目的的，要有的放矢，不能光注意谈话热情，最后把本来的目的忘掉。当然，一般人说话图的是愉快，这时也不能为了表明自己的观点新颖而随意打击别人的观点，只要避免了这些，再自如地运用各种方式，激发起对方的兴趣就很轻松了。

找不到话题，就去创造话题

与人初次见面，难免会因为不熟悉，找不到共同话题导致冷场。在初次见面时，如果冷场时间超过 30 秒还没找到话题，就会非常尴尬，但很多人都无法避免这种情况。分析没有话题的原因，不外乎是不了解对方的兴趣爱好、关注点、性格，或者自己不善于交流……遇到这样的情况，该如何解决呢？

王志强在房屋中介公司上班，由于业绩突出，每年都受到领导表扬。

新来的同事贾铭向他取经，问他带人看房的时候怎么能让人看上他介绍的房子，王志强说要有耐心、信心，还要胆子大，在客户面前敢说，除此之外，他平时喜欢看书，各种书都会看，当然，他不会研究里面的知识，他要借这些书开拓视野，找一些话题，比如佛经、讲风水的书，了解了一些知识后，在注重风水的客户面前他就可以滔滔不绝地讲了。所以，无论什么样的客户，他都能讲上一二，并且能让人信服。

在跟随王志强见客户的过程中，贾铭发现，王志强如果看到客户对房子不是很满意，就会和客户东拉西扯，从中问出客户对房子的需求。不管客户年龄多大，是男是女，王志强都能从各个方面剖析房子的优缺点，还能从改造房子格局的方面给出建议，最后客户都能选上自己比较中意的房子。

贾铭终于明白了，想要和客户聊得投机，脑子里还是要有知识，在没话题的时候及时创造话题。

初次见面，如果你很会打开话题，对方就会有愉悦感，就像打乒乓球那样，一来一往，越打越有激情，或者像滚雪球一样，把一个话题越滚越大。如果出现冷场，对方要么会认为你对业务不精通，要么会认为你不会待客，人家打过来的球你接不住，或者虽然接住了，却把回球打到天上去了。打上几个回合，对方就没了兴趣，总之，会给人留下不好的印象。

和人交往时，能接住对方话题，并由此种出一片春光的人确实不多，这种高情商、高智商不是每个人都能达到的境界，但是我们可以向趣味型选手这个方向发展。网上的段子张口就来，明星八卦也能信手拈来；军事新闻，没人比你知道的多；同事朋友，你都“涮”过；旅游景点，你都玩遍。不管什么话题，你都能聊得天花乱坠，即使有“跑火车”的嫌疑，但你的有趣让大家笑颜尽开，也就不会有人对你的瑕疵横加指责了。

如果趣味型选手你也做不来，说出的话就像是白开水，没有特别的喜气，那你也可以向家常型选手的方向发展。如果初次见面不知道聊什么，你可以选择聊一些身边的事情，和对方聊聊家常，比如恭维对方的衣服、饰品、包包，询问对方近日喜上眉梢的事，就可以让对方打开话匣子，这样你就可以找到突破口了。你还可以聊聊家乡、聊聊电影，可能不是很有趣，但总比尴尬要好。

你也可以做套路型选手，比如，见到对方，可以问对方有什么爱好，专门研究每个人的爱好有什么特点，顺着套路和对方聊天。如果对方是中老年人，可以聊聊子女，聊聊工作；如果对方是年轻人，可以聊聊游戏，聊聊梦想。当然，这里有不能问或者最好不问的话题，比如岁数、婚姻状况等。

如果实在无话可说，网络你也不上，明星你也不关注，电影也很少看，恭维话也说不出口，你也可以选择聊一些自己经历过的事，比如大学生活、工作。如果这些都像白开水一样，或者已经淡忘了，一时抓不到头绪，那么创造话题对你来说就很难了，但不是毫无希望。你要在平时多“充电”，多参加社交活动，多与人交流，要知道，高情商的人也不是天生就比别人会说话，他们也是在与人不断交往的过程中练就说话之道的。

秦喻雄被公司外派到某地谈一笔生意，但他之前没去过这个城市。他想尽快完成任务，一下飞机，就直奔目的地。接待他的是一位非常年轻的白领，他没有马上亮明自己的身份，聊了两句之后就称赞她：“你的这身衣服非常符合你职业女性的气质。”

这位白领眼睛一亮，对秦喻雄露出了可爱的笑容，秦喻雄又对她说：“我对这里还不熟，以后要请你多多帮助了，还不知道你贵姓?”

这位白领说：“免贵姓王，我叫王潇潇，不知道您是?”秦喻雄说：“不好意思，我刚下飞机就过来了，和你们经理有预约，我姓秦，叫秦喻雄，是过来谈生意的，您能给引见一下吗?”

王潇潇很高兴地为他带路。

情商高的人在初次见面时总能创造话题，不论什么，都能被他拿来展开对话。如果是初次聚餐，他一定能让大家“酒不醉人话醉人”；如果是初次约会，一定会让对方觉得“暖暖的很贴心”。如果说知识丰富的人能让大家游遍太空与海底，那么情商高的人就能让大家享受一场精神盛宴，人人都能尽兴地吃，不用担心菜品不够。

第二章

所有的聊天，其实都是在聊尊重

多聊别人，少聊自己

很多人在聊天的时候，总是习惯说“我觉得……”“我上周去了……”“我吃了……”“我昨天买了……”这些表达，中心词语都是“我”。人们都发自内心地渴望表现自己，交谈的时候，都会围绕自身展开，聊自己感兴趣的话题。

情商高的人，会聪明地将话题的主动权抛给对方，成为一个合格的倾听者。在这个过程中，他会引导对方说与自己相关或对方感兴趣的话题。对方可以畅所欲言，从而对他产生好感，喜欢与他聊天。

著名散文家威廉·菲尔普斯曾在《人性》一书中写道：“在我8岁的时候，有一次周末在我姑妈家玩，其间一位中年男子来姑妈家做客，一阵寒暄过后，他把注意力转移到了我的身上。

“当时我正巧对船舶很感兴趣，于是来访者便与我讨论起这个话题，他谈话的方式在我看来非常吸引人。在他走后，我激动地谈起这位来访者——他真是个学识渊博的人！姑妈告诉我，他是纽约的律师，其实对船舶一丁点儿都不关心，他对这个话题其实半点兴趣都没有。

“‘但他为什么总谈论关于船舶的话题呢？’‘因为他是位绅士，他看出来你对船舶很感兴趣，于是就谈一点自己有所了解又能让你开心的东西，这样能使他更受人欢迎。’”

我们可以发现，人们在聊与自己相关的事情时，总是会滔滔不绝，兴致勃勃，因为每个人都有表现欲，并且渴望别人的认同。如果你能够给对方提供一个倾诉的环境，不但对方会心情愉悦，你也能从对方的话中分析出想要的信息。

情商高的人，在交谈的过程中，可以聊对方得意的事情，这样就能够勾起对方的交流兴趣，打开对方的话匣子，积极投入到交谈之中。所谓志趣相投，便是如此了。

卡耐基曾说过：“如果想要交朋友，并成为受人欢迎的说话高手，就要用热情和生机去应对别人。接触对方内心思想的妙方，就是和对方谈论他最感兴趣的事情。”

每个人都是独立的个体，都有自己感兴趣的东西。有的人爱好汽车、香烟、旅行，有的人热衷谈论时装、书画、美食，有的人热心于自己的工作，有的人则更关注自己的家人……很少有人会去关注自己不感兴趣的话题，那会让他觉得无聊。

即使是一个不善言辞的人，对于一个自己喜欢的话题，也能侃侃而谈，而且充满了激情。比如，你跟一个爱好旅行的人谈起各地的美景，他的反应肯定是滔滔不绝、兴高采烈的，相反，你跟一个热爱汽车的人谈古董收藏，他的反应一定平淡。谈论别人感兴趣的事是一种博取对方好感以及维系这种好感的最有效的方法。当你试图与一个人建立良好的关系的时候，最好是找一些他感兴趣的话题来聊。

同时，谈论别人关心的事，也是一种隐性的赞美，会让对方生出成就感，不至于在交谈中陷入“不知道该说什么”的尴尬境地。自然地，用这种方法来博取对方的好感和维系彼此的感情，也是非常有效的，没有人能够拒绝一个兴趣相同的朋友。

有一家公司的业务经理，为了得到另一家公司的大订单，曾在两年的时间里不断地去拜访那家公司的总经理，但总是引不起那位经理的兴趣。

有一天，他再次去拜访那位总经理，看到桌子上放着一本《论语》。业务经理对总经理说道：“您是不是非常喜欢古典文化，对《论语》应该也有很高妙的见解吧？”

“对，你怎么知道？”总经理一改往日的冷淡，兴致盎然地问道。

“您的办公桌上放着一本《论语》，看痕迹应该经常翻看。”业务经理说道。

“对，我对古典文化非常有兴趣，之前经常听于丹讲《论语》。不过高见说不上，只是对她讲的《论语》有些地方赞同，有些地方持保留意见。”总经理颇有风范地说道。

“我也看过于丹讲的《论语》，但是没有太深入研究，一些地方有些疑惑。希望总经理能不吝赐教。”

这句话立刻引起总经理的极大兴趣，于是他们就围绕《论语》谈了起来，两人眉飞色舞地谈了足足半个钟头。最后还互加了微信好友，约着经常一起探讨。

这次谈话以后，没过几天，业务经理就收到了这家公司的订单。

与他人沟通，是为了彼此建立良好的关系，而不是为了盲目地表现自己。因此，当你发现话题引不起别人的兴趣时，一定要及时转换话题。

情商高的人，与别人交谈时，善于找到对方感兴趣的话题。如果你想要成为一个情商高的人，不妨先去了解一个人的爱好与兴趣。这样很快就能弄明白他喜欢哪方面的东西，而如果你在这方面的知识非常渊博，自然可以与对方谈笑风生，让对方如沐春风。

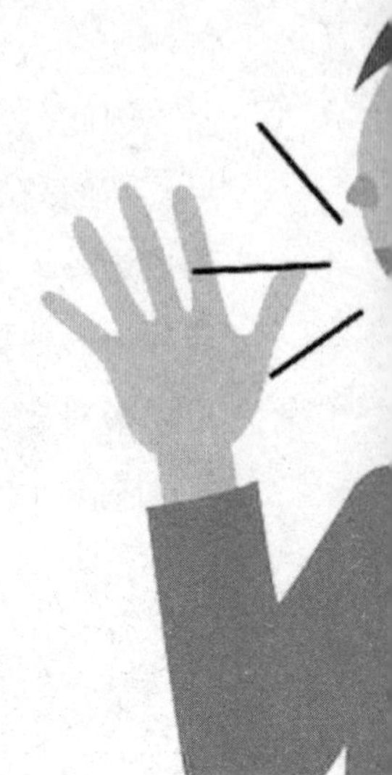

与其夸夸其谈，不如认真倾听

认真倾听别人说话，是一种美德，是一个人情商高的表现，更代表了一个人对他人的尊重。每个人都喜欢和善于倾听的人交往，这样会让他们觉得自己受到了重视。与人交谈时，有的人自认为口才很好，喜欢在别人说话的时候打断对方，给出一堆建议，这就会让人觉得他情商很低。

有一次，周媛工作的时候被老板批了一顿，很是生气和伤心。于是，她去找朋友哭诉她的伤心事。

朋友自认口才很好，还没等周媛倾诉完，便打断她，给出一堆建议。

周媛听得一愣一愣的，过了良久，摇着头无奈地对朋友说："你说的这些大道理难道我不知道吗？大道理谁不会说？只要事不关己，我也能说得一套一套的，难的是做。你以为我是跑过来找你要答案的？我只是要一个听我说话的人而已！”

很多时候，朋友来找你倾诉苦闷，并不是真的想要你给出什么建议，只是想有个人听他说话罢了。这个时候我们要做的就是对对方有点耐心，听他们将心事说出来。

一个善于倾听的人，可以将说话之人内心堆积的“情感垃圾”一点点清理出来。在遇到需要帮助的人的时候，你只有倾听，才能够明白他真正需要的是什么，然后满足他最迫切的渴望。

与人交谈，认真倾听，不仅是一种礼貌，也是对说话之人的一种尊重，更是快速帮助你了解他人的一种途径。一个人说话的方式、语气和用词都能在很大程度上透露出这个人的性格是怎样的。这决定了你要用哪种风格去和说话之人相处。

不可否认，一场双方都投注精力的谈话是有趣的。但如果你在别人说话时心不在焉，让别人空耗唇舌，别人不但会在心中对你的行为有意见，而且会觉得和你说话是一件浪费精力的事情。久而久之，别人便会失去和你说话的兴趣。

当然，也有可能是别人找你说话的时候，你正在忙，分不出精力去应付他。但这并不能成为你忽视别人的理由。如果你不确定什么时候有空，你可以和别人说：“我实在抽不出时间听你说话，等事情忙完我们可以一起去喝个下午茶。”这样，既不会冷落别人，也会让别人感觉到你对他的重视。

对话、聊天，都是基于两个或两个以上的人才能形成的。当大家一起谈论一个热门话题的时候，往往会你说一句我说一句。每个人都有自己与众不同的观点，这便会形成一个嘈杂的局面。

然而，人类的共性便是更加关注自身的东西，而轻视他人的事情。因此我们很喜欢表达，急于让对方听到自己的声音，却丝毫不管对方是否有意愿了解你的一切。

卡耐基曾说过："不要忘记与你谈话的人，对他自己、他的需要、他的问题，比对你和你的问题要感兴趣100倍。"

所以与人交谈时，不要在对方还没有说完之前，你就急于发表自己的意见而去打断对方。碰到这种情况，你不妨先冷静下来，将想要说话的欲望先压下去，强迫自己去倾听，不要让自己成为这场谈话中唯一的声音。久而久之，你就会发现，这样做不仅能够让你的人缘变好，而且可以帮助你学习到很多东西。

在人际交往中，有很多误会的产生是因为没有认真倾听对方的话，只是根据自己的臆想去猜测对方，并且，往往会将对方朝着坏的方向想。情商高的人，会认真倾听别人的话，所以很少发生这样的失误。因此，他们通常也会有一个好的人际关系。

有一次，美国著名主持人林克莱特在节目上采访一名小朋友："长大后，你想成为什么？"

小朋友想了想说道："我要成为一名飞机驾驶员！"

林克莱特继续问道："如果有一天，你驾驶的飞机在太平洋上熄火了，你会怎么办？"

小朋友想了想说道："我会告诉飞机上的人绑好安全带，然后穿上我的降落伞先跳出去。"

场下的观众被小孩子的童言稚语逗得哈哈大笑，林克莱特却面带微笑继续看着这个孩子，问道："你为什么要这么做？"然后，鼓励小朋友继续说下去。

过了一会儿，小朋友脸上挂着两行热泪，哽咽地说道："我要去拿燃料，我还要回来！"

情商高的人，在一场谈话中，不会急于去发表自己的看法。他们会听完对方的描述，然后根据对方的需求提出建议，尽量做到让对方心中舒服。认真倾听，是打造好的人际关系的关键一步，想要成为一个情商高、会说话的人一定要重视。你除了静静聆听之后，还要及时对对方的话作出反应，比如点下头或者是微笑地看着对方，这样就能表现出你对谈话十分有兴趣，增加对方的谈兴。

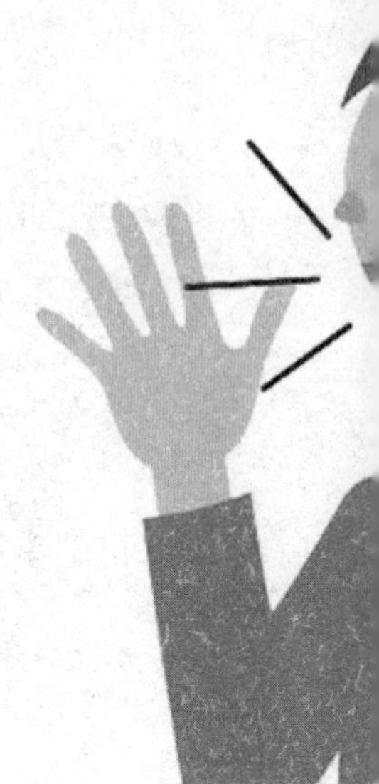

别让聊天方式暴露你的情商

在现代生活中，很多人都喜欢使用微信聊天，既方便和亲朋好友联系，又不会受到陌生人的打扰。但是，你的微信聊天方式，很容易暴露自己的情商。情商低的人，某些行为十分让人讨厌，当别人不堪其扰时，就会拉黑他。那么，微信聊天时哪些方式会让你显得情商低呢？

（1）有事没事问“在吗”。

张萌晚上加班的时候，微信忽然弹出一条消息：“在吗？”发消息的人是上一家公司的同事，两个人很久都没有联系了。

张萌回道：“在的，有什么事情吗？”

但是，消息发过去之后，对方再也没有回复。之前的工作思路被打断，张萌很是气恼。

过了两天，这位同事又发来消息：“我刚看到。现在还在吗?”

张萌心想：“你给我发消息，有事不说事，老是问‘在不在’，有意思吗?”但因为曾经是同事，碍于面子，张萌忍住心底的火气，回道：“在的，有事吗?”

这次，对方马上回了：“你文采好，能帮我写一篇文章吗?”不等张萌拒绝，他接着说道：“都是朋友，不会这点儿小忙都不帮吧?”

微信聊天，不像面对面交谈，可以通过观察对方的一些表情或者动作来简单推断对方的情绪，所以，在微信上聊天的时候，很多人都会习惯性地先问一句“在吗”，并认为这是礼貌的表现。但是，每个人都很忙，没有时间去回复这样无聊的问题。

你的一句“在吗”，非常容易让别人陷入两难的处境中。现在，很多人看到“在吗”这两个字，通常都会有一种不好的预感，认为这个人肯定是来寻求帮忙的。他们心中不愿意回复，又担心别人有看法，最终只能妥协。但是，心中对于那些喜欢发“在吗”的人的印象，却跌到了谷底，甚至选择屏蔽来远离他们。

所以，不论你需要什么样的帮助，都不必先发“在吗”来确定对方到底在不在，你只需要将你的请求发给对方，不论对方是否能够帮助你，只要看到，一般会第一时间回复你。如果对方不回复，那就代表对方不愿意或者是无法帮你的忙，你就可以另想办法。

（2）“哦”“呵呵”终结话题。

周伟是一名网络编程工程师，被朋友称为“电脑行家”。有一次，一个朋友的电脑出了问题，想要请周伟帮忙维修一下，于是在微信上给周伟发了请求。

周伟回道：“具体表现出来的是什么样的?”

“就是电脑不好用了，我如果知道毛病，就不用问你了。”

周伟有些无奈：“你不具体说说，我不知道具体毛病，怎么去修?”

“哦。”这位朋友只回复了一个字。

然后就不回复消息了，周伟有些着急地问道:“电脑还修吗?”

过了半天，对方回：“呵呵。”

周伟看了心中很是恼火，心想：“他这是什么意思? 回一个‘呵呵’是瞧不起我的意思吗?”越想越生气，最后周伟干脆屏蔽了这位朋友。

微信聊天时，人们容易忽视一些细节。他们认为自己平常就是这样和朋友交流的，一些简单的日常用语不必太在意。但是，你要明白文字聊天和语言聊天给人的感受是不一样的。

用微信聊天的时候，人们不仅无法面对面看到对方表情，而且无法听到对方的语气，甚至连音调都听不到。所以，人们只能够从字面上的意思去理解，一些类似“哦”“额”“嗯”等简短的回复，很容易给人敷衍的感觉，最后终结话题。在一开始，“呵呵”一词，人们可以理解为高兴，但是后来，却成为带有贬义的词。

有人说过这么一句话：“这世上的告别方式有三种：哦、呵呵、再见。”可见这几个词语在交流时是非常不受欢迎的。如果你不想要在微信聊天的时候被他人骂情商低，就要少说这几个词。

（3）乱发“点赞”“测试拉黑”“投票”等消息。

冯欢的手机亮了，冯欢以为有人给他发消息，赶紧拿起来。点开就发现，是别人发的广告：“这家店优惠，我亲测是真的，快来试试。”冯欢不想理睬，于是关上了手机。

过了一会儿，又有人发消息，冯欢点开一开，结果是：“你也清理一下拉黑你的人吧，不用回。”

之后接二连三收到的消息不是广告就是骚扰信息，让他不堪其扰，最后他将发这些消息的人都拉黑了。

无论使用什么工具聊天，人与人之间的关系都是需要经营的，如果你经常给别人发一些骚扰信息，在别人不耐烦的时候，就会让对方对你产生坏印象。

因此，即便你需要转发一些信息来获得他人的帮助，也不能抱有理所当然的心态，可以在转发的时候，加上“有空帮忙朋友圈第一条点赞，非常感谢!”“百忙之中打扰您了，请帮忙投一下票，非常感谢!”等话来表达自己的谢意。当然，转发的时候也不要一味地复制粘贴，这样只会让文字显得太没有人情味，从而让接收信息的人很难有帮你转发的动力。

情商高的人，在微信上与他人聊天时，同样会注意他人的感受，尽量不给别人带来困扰。他们懂得尊重别人，不用无聊的话和问题去浪费别人的时间。同时，有人给他发消息，只要看到就会立刻回复，不让别人干等。只要你遵守这样的聊天准则，人际圈子就会越来越广，朋友也会越来越多。

插话的技巧

在微信上，两个人一对一聊天时，被打断的可能性其实很小，但在微信群中，这样的事情就会经常发生。尤其是当一个人正在给一群人讲解某件事情，如果有人不断去打断，不仅非常不礼貌，还会引起他人的反感。

姜星辉是一名讲师，经常会在微信群里给学员们上课。正讲解到关键的时刻，学员们都在认真记录，有一位学员忽然发消息问道："老师，我有个问题，您说的这个地方我有些不明白……"

突如其来的问题，打断了姜星辉的讲课思路，他只能停下来，先给这个学员回答问题，才继续往下讲。

没讲一会儿，这个学员又提出了问题打断了他的讲课。这会儿，姜星辉已经有些生气了，但是又不好发火。结果，在这堂课上，这名学员接二连三地打断他。最后，姜星辉忍无可忍地对他说道："有什么问题，可以课后问，现在请不要打断我的讲课。"

打断别人讲话，是一件非常不礼貌的事情。培根曾言："打断别人，乱插话的人，甚至比发言冗长者更令人生厌。"

有一些不懂礼貌的人，总是喜欢在别人说得高兴时，冷不防地杀出来，猝不及防地给别人泼冷水。比如一个人正在兴致勃勃地讲一件事情，听众也甚是感兴趣，听得如痴如醉。这时，有人突然站出来插嘴道："喂，这不是你昨天才看到的事情吗？"正讲得兴高采烈的人的热情瞬间被熄灭，对于那个插嘴打断他的人，更是让他发自内心地厌恶。在微信上聊天的时候，面对这样的情况，人们的感受同样也是如此。一旦被别人打断，很多人心中都会涌出拉黑对方的冲动。

其实，不论是在微信上聊天，还是在现实中与人聊天，贸然打断别人讲话，都是一种情商低的表现，因为有时候你的随便插话，不仅让人产生心理上的不悦，甚至会给别人造成重大的损失。

比如，你的同事正在和别人讨论一个非常重要的设计，你忽然想起了有意思的事情，打断他们的对话，说起自己的事情来。结果，将两个人的思路搅得一团糟，对方恼火地让你走开，你还埋怨对方脾气大。

没有人喜欢自己的话被打断，认真地听别人把话说完，这是给予别人最基本的尊重。当然，有时候，我们也会遇到不得不打断别人说话的情况，不想让别人厌恶，那么你打断别人的时候，一定要注意说话技巧。情商高的人，就拥有即使打断别人说话，也不会让对方生气的高端技能。

有一次，微信群里人们正在聊天。有一个群友说道："我这里有一个非常好笑的笑话，讲给大家听听吧。"

群友们纷纷说道："快讲，让我们也来高兴一下。"

那个群友便讲了起来："有一天，我下班回家，忽然看到楼下面有几个人排成一排站在那里，每个人手里面都拿着一根棍子。我吓了一跳，想这些人是要打人吗？这么多人我可打不过。越走越害怕，结果走近一看，他们竟然是在吃甘蔗。”

笑话一讲完，群里就有人发了一片“哈哈哈”的消息，其中一个群友说道：“虽然这个笑话听了好几遍，但是再听一遍依然觉得很好笑。”

这位群友听了很感动，对方已经听过好几遍的笑话，不但没有打断他，还有耐心继续听他再讲一遍，是一个很值得交往的人，因此加对方为好友。

很多时候，人们聊得起劲时，就可能会忽略旁人。当然，他们也不会喜欢那些随便打断他们谈话的人。因此，如果你想要参与到别人的聊天中，可以运用下面几个说话技巧：

首先，若是你有紧急的事情要找其中的一个人处理，打断别人谈话之前请先打个招呼：“对不起，能打断你们一下吗？”然后迅速将自己的来意用简洁的语言说清楚，处理完事情立马离开。

其次，若是你想参与到他们的谈话中，则可以在他们谈话的间歇，找个机会礼貌地询问下：“对不起，可以让我加入你们的谈话吗？”自然大方，不要扭扭捏捏地不经过别人的同意便站在旁边，否则会让人以为你是在偷听。

最后，在谈话的时候，若是想补充自己的观点，可以在对方把一句话说完后，礼貌地对他说：“不好意思，请容我插一句。”若是你不同意对方的看法，也不要粗鲁地打断人家，等待对方说完之后再补充你的观点。注意！最重要的事情便是，不管分歧有多大，千万不能口出恶语或者出言不逊伤害别人。

在微信上聊天，人们拥有的自由权更大，有一些情商低的人，为了表现自己，在别人讲到关键之处时，随意打断对方，发表自己的“高明之见”。当你遇上这样的人时，可以告诫对方一次、两次。如果对方屡教不改，你便可以拉黑对方或者将其踢出聊天群。当然，你在聊天的时候，也要注意不犯这样的错误。

情商高的人，懂得及时回复

聊天的时候，发消息给对方，左等右等也没有等到对方的回复。这样的情况，很多人都遇到过。等待，是一种非常让人着急的事情。

王璐的公司新来了一个会计，两个人经常会有业务对接。但是，每次王璐给对方发消息，对方都不能及时回复，非常耽误事情。

有一次，王璐要去和客户谈生意，走在路上的时候想起来这个大客户的订单额度还不知道，这些信息都掌握在会计的手中。

于是，王璐给这名会计发信息，讲明自己的需求。然而，等了许久，对方都没有回复。眼看和客户约好的时间越来越近，王璐的心情也越来越着急。无奈之下，只好给会计打电话。

结果对方十分不耐烦地说道：“我正在找着呢，有什么事情不能微信说，非得打电话，不知道接电话会浪费我的时间吗?”说完，便啪的一声把电话挂了。

王璐越想越生气，明明是对方不回消息，现在竟然倒打一耙，成她的错了！

在微信上聊天的时候，隔着屏幕彼此看不到动作、表情，只能通过文字来传递信息。一旦文字中断，你根本无法想象对方在等待你消息的时候，会多么着急。

比如，两个人谈恋爱，本来是一件非常甜蜜的事情。两个人互发消息，都恨不得马上回复对方。你来我往的聊天，能够不断增进感情。但是，如果你给另一个人发消息，常常要等半个小时甚至更长时间才能得到一句回复，在等待的过程中，对方甚至在别人的朋友圈动态下留了言，你是不是既心焦，又对此人感觉到心冷？

没有人喜欢等待，“收到请回复”是对他人一种基本的尊重，也是一种情商高的表现。收到他人的消息，及时回复，其实并花不了你多长的时间。但是，对于等待消息的人而言，却能够感受到你对他的重视。你自身表现出来的靠谱，也证明你是一个值得交往的人。

最近，网络上有一句话非常流行：“我回你是秒回，你回我是轮回，太过分了！”但是，有的人做得更加过分，收到消息干脆不回复。这种行为，其实是职场上的大忌。每个老板都喜欢靠谱负责任的员工。

如果老板在群里给下属传达最新工作，发完消息之后，只得到了零星回复。他的心中就会变得十分焦急，心想：“他们究竟有没有看到我发的消息？如果看到了怎么不回复？如果没看到接下来怎么开展新的工作?”出于对公司的责任心，老板就会对那些不回复自己消息的员工产生不靠谱的坏印象。

人们普遍的看法是，收到消息如果不回复，就会被默认为没有看到消息。如果事情出现了不好的变化，就可以以此为借口来推脱责任。这是一种对自己对他人都十分不负责任的行为，同时，也在很大程度上体现了这个人的不靠谱。

收到别人的消息，及时回复对方，能够体现一个人的契约精神，因为及时回复对方的消息，不仅仅是向对方传达“你已经查看这条消息”的信息，还意味着你明白了对方通过这条信息向你传达的内容和要求，此外还能够向对方表明“你明白接下来如何去做”，让对方更加放心。

人们喜欢和情商高的人交往，老板也喜欢重用情商高的员工，就是因为他们在人际交往中能够处理好每一个细节，让别人感觉到舒服。他们能够及时回复别人的信息，证明了他们拥有很强的契约精神，愿意主动承担自己的责任。

高明悦是一家小公司的老板，公司算上她也就十个人。但是，她有信心将公司越办越好。因为，她公司的员工都非常有执行力。

每一次，只要她在群里通知个消息，员工们都会积极回应。

“收到，高姐。”

“保证完成任务。”

“一定及时完成任务。”

……

在这样每个人都高度负责的氛围下，公司的业绩蒸蒸日上，果然越来越好了。

很多时候，一场让人愉悦的交谈是建立在彼此及时回复的基础上的。收到信息，及时回复能够体现出一个人的人品，同时还能够帮助别人更加了解你。

比如，从你回复的信息中，别人可以了解你的工作进度，或者你对问题的看法。很多时候，一旦其中一个人没有及时回复信息，很有可能整个团队的工作都要搁浅。

所以，如果你想要成为一个情商高的人，一定要养成“及时回复他人消息”的习惯，在尊重他人的同时，也能够获得他人的尊重，并且，这样做还能够帮助你养成今日事今日毕的好习惯。

当然，人们在忙的时候，经常会没有时间去看别人发的消息。但是当你看到的时候，一定要及时回复对方，并且可以和对方说：“抱歉，刚刚在忙没有看到消息，请问有什么事情吗？”在接下来的时间中，积极参与到与对方的谈话中。这样，才能够消除对方的不满，愿意继续和你相交下去。

除此之外，这种“收到及时回复”的状态，可以应用到你与他人交往的所有方式中，比如短信、电话以及口信等，将“尊重他人”表现在你举动的每一个细节之中。

关心别人说话时的状态比内容重要

汉语里有一个成语叫作“口是心非”，意思就是说，一个人口中说的话，和他内心中真正的想法，并不相同。

与人交往的时候，同样也会出现“口是心非”的现象。比如，一个人正在与人高谈阔论，但可能他其实对于这个话题并不感兴趣，只是碍于面子伪装出非常感兴趣的样子；或者有一个人失恋了，朋友安慰她，她却说“没有什么大不了的，我其实已经不喜欢他了”。但这可能只是伪装出来的坚强，她的内心可能已经难过得快要崩溃……所以，在人际交往中，我们在关注对方说话内容的同时，更应该关注对方说话时表现出来的状态，理解对方真正的感受。

有一次，有一位老板要招待一位好久不见的朋友，两个人一起去一家餐厅吃饭。在吃饭的过程中，老板滔滔不绝地讲他们以前发生过的事情，并且感叹："还是以前过得快乐，现在……"

说了一会儿，老板发现朋友虽然说话的时候脸上带着笑容，但是有些心不在焉。于是，老板说道："这么多年的朋友了，有什么事情不能和我说呢？"

听了老板的话，朋友才面露愁容，将自己的困难说了出来。原来，他手上的项目遇到了困难，需要一笔资金来周转。但是，他将自己所有的钱都投到了这个项目上。所以，想要和老朋友借一些钱来渡过这个难关。

老板听了，很是生气地说道："我们这么多年的朋友，有什么话不能直说？如果不是我发现你神色不对，你就打算一直不说吗？"

然后，老板借了一大笔钱给这个朋友，帮助他的项目能够继续运转下去。

人们在说话的时候，可以凭借自己的思想和控制力来改变说话的内容，掩盖自己的真实感受和目的。但是，在交谈的过程中，一些神态上的小细节却能够透露出一个人的真实想法。在谈话的过程中，如果一个人只关注对方话语中的内容，那很容易忽略对方真正的感受。如果你能够通过细微的观察了解对方真正的想法，就能够让你在说话做事时增加一种分寸感。

情商高的人，非常善于观察，因此他们能够想对方之所想。他们不会在别人失意的时候，庆祝自己的好事；不会在别人失恋的时候，在其面前秀恩爱……情商高的人，能够换位思考，了解到对方真正的想法，然后去帮助他们。

很多人经常抱怨有的人说一套做一套，在人前表现得和你关系很好，人后就翻脸了。其实，这是因为在交谈的时候，你没有注意到对方说话时的真正状态。演技不论多么好的演员，在与不喜欢的人交谈时，总会不自觉地做出一些小动作，从而暴露他内心的真实想法。

同样的道理，如果你想要获得一个好的人缘，交谈时就不能只关注对方的说话内容，而是要学会从整体去了解对方，关注对方的真正感受。想要获得对方的好感，就不能够通过只言片语，一味地凭借自己的理解揣度对方，并且将一些自己认为好的东西一股脑地送给对方。也许，那并不是对方真正需要的。

蔡康永曾在一本书里写道："我新领悟到的说话之道，就是'对你好'，因为我说的让你开心，你也会把我放在你心上。"

用心体会别人的感受，从而多为别人考虑，你就会成为一个值得大家尊敬的人，因为赢得大家尊敬的前提就是自己首先尊重每一个人。唯有真心才能换来真心，这是任何语言技巧都不能达到的效果。

有一次，林琦需要买一份保险，于是，他约了一名保险员在咖啡馆见面。

在交谈的过程中，保险员的谈吐非常好，而且耐心地给林琦讲解了这份产品能够给他带来的益处。

两个人相谈甚欢，林琦决定买下这份保险。但是，在聊天的过程中，林琦注意到对方的一个小动作：对方每隔一段时间，就会看一下手表。

这个动作，通常意味着对方有些不耐烦，林琦的心中有些不高兴。他问道："刚刚我看你一直看表，是有什么急事吗？"

保险员说道："实在不好意思，林先生。我女儿马上就要放学了，和你聊天太愉快，时间不知不觉就过去了，我担心错过时间。"

林琦听后，表示非常理解，让对方赶紧去接女儿，他会买下这份保险。

交谈的时候，关注对方说话的状态，能够避免很多误会的发生，因为对方谈笑风生的时候，也许正面临着困难。如果你能够通过对方的一些小动作发现其困难之处，并且给对方提供帮助，就能够获得对方的信赖和好感，从而在不知不觉中拓展人脉。

会说话的人，话能够说到点子上。他们不仅情商高，而且胸襟广阔，善于观察，在与人交往的时候，能够多为别人考虑，真正体会别人的感受。这样，别人也会越来越在意他的感受，他的人际关系就会越来越好。

正确称呼别人的头衔

头衔，一般是指一个人的职位，通常都会高于普通人，是某个人具备的某种身份或者专业资格等。在古代，头衔更是只存在于官僚、贵族等人身上。在生活中，如果能够被他人叫出头衔，是一件很有面子的事情。

没有人会不喜欢被恭维，职位越高的人，越喜欢听好话。在社交场合，如果你能够一眼就叫出对方的头衔，不仅会让对方觉得有面子，让其对你形成一个好印象，而且还能够给你带来意想不到的收获。

安德鲁·卡内基是美国著名的钢铁大王，他的一生非常传奇，最为人乐道的就是做事非常务实，善于利用各种已有的条件获取利益。

安德鲁·卡内基在与人交往的时候，常常不吝于将各种无形的头衔让给别人。有一次，他想要和一名叫佛里克的青年合作成立一家煤炭公司。新公司总价值是200万美元，佛里克原有的焦炭公司约值32.5万美元。安德鲁·卡内基表示剩下的160多万美元全由自己支付，但是两个人可以平分股份。

只出不到四分之一的资金，却可以得到一半的股份，佛里克对此感到很不踏实。他认为，公司成立之后，会以卡内基的名义运作，这并不是他乐意见到的。

安德鲁·卡内基看出对方的犹豫，于是说道："年轻人，新公司的名称是'佛里克焦炭公司'。"

因为成立一个以自己的名字命名的公司，是极有面子的事情，所以，佛里克听了卡内基的话，便不再犹豫，爽快同意了。

很多时候，头衔往往可以表明一个人的成就。在社交场合，直接称呼他人的头衔，不仅能肯定对方的成就，而且还可以将他的成就让更多的人知道，让其获得更多的面子。人们都喜欢和让自己有面子的人交往，所以，如果你想要和某个人交好，最好的办法就是称呼对方的职位头衔或者工作成就。

很多人认为自己很厉害，但是并不会亲自去夸耀。如果随时将自己的成就挂在嘴边，难免会有"王婆卖瓜，自卖自夸"的嫌疑。如果这个时候，有人能够叫出他们的头衔或者说出他们的成就，就会让他们很高兴。这个人起到了宣扬他们过人之处的作用，因此他们会对这个人产生很好的印象。以后，如果这个人遇到困难向他们寻求帮助，凭借好印象，他们就会毫不犹豫地提供帮助。

情商高的人，在称呼他人的头衔时，会十分注意技巧。人际交往中有一个礼仪原则，即叫大不叫小。比如，在社交场合，一个人的职位是副经理。情商高的人经常会将"副"去掉，直接将其称为"×经理"。去叫对方的最高头衔，对方就会觉得很有面子，也会更加高兴，觉得你很尊重他，反过来他也会尊重你。

当然，如果你与有头衔的人关系非同一般，在私下的相处中直呼其名来得更亲切。但在公众和社交场合，最好还是称呼他的头衔。这样做不会让你们的感情疏远，对方反而会因为你的尊重而更加愿意和你交往。除此之外，对于知识界人士，你可以直接称呼其职称。要注意的是，在以学位名称称呼他人时，除了博士外，其他学位名称不能作为称谓来用。

在称呼他人的头衔时，也要注意一定要称呼好的头衔，避开对方不好的头衔，因为不好的头衔本来就是对方的大忌，一旦在公众场合被叫出口，会让对方陷入尴尬中，他们还会在心中记恨你让他失去了面子。

在《西游记》中，孙悟空除了被称为“齐天大圣”之外，还有一个官职为“弼马温”。这是他被天庭招安之后，玉帝封给他的官职。

一开始，孙悟空不知道“弼马温”只是一个很小的养马官，他觉得很威风，于是乐呵呵地去上任。但是，等到他知道真相之后，非常生气，要与天庭作对，并且给自己自封了一个“齐天大圣”的称号。

在后来去西天取经的路上，如果有妖怪称呼孙悟空为“弼马温”的，通常没有好下场，多半会被他打死。而有一些精明的妖怪则尊称孙悟空为“齐天大圣”，他在高兴之余就有可能放对方一条生路。

由此可见，正确称呼别人的头衔有多么重要。正确称呼别人的头衔，能够给自己带来益处；错误称呼别人的头衔，很可能会让你失去别人的帮助或提携。所以，你在称呼别人之前，一定要弄清楚对方的头衔到底是什么，不要犯低级的错误。

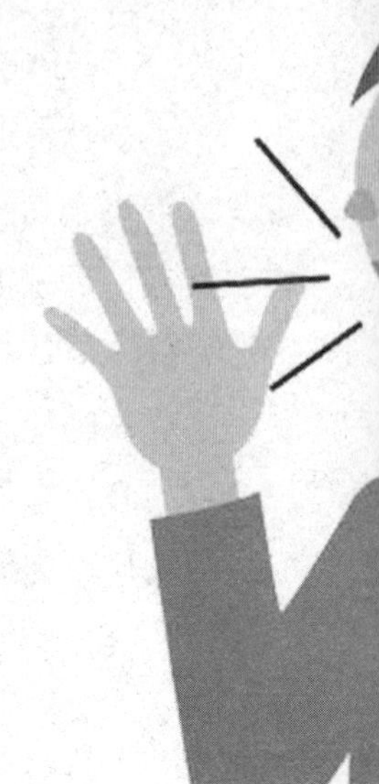

场面上，不要使用命令的口气

在社交场合，如果有人用命令的语气和你说话，比如“给我拿个杯子，快点儿”，或者是“不要乱跑，你造成了很多麻烦”等，即使你们两个关系再亲密，听了之后你的心中也会不舒服。

与人交往时，每个人都希望能够保住面子。尤其是在公众场合，如果被关系亲近的人“呼来喝去”，心中的尴尬、愤怒或失望会更加强烈。情商高的人，不论是不是在场面上，与亲近的人说话都会注意说话的语气，不会使用命令的语气，让对方产生不舒服的感受。

蔡康永和小S一起主持节目的时候是好搭档，在私下里两个人也是非常好的朋友。两人主持综艺节目《康熙来了》的时候，如果蔡康永需要小S帮忙时，他总是会在后面加上“好吗”“方便吗”“可以吗”等类似的疑问句以柔化语气。每一次，小 S 都会很乐意地帮助他。

蔡康永是一个很有礼貌的人，在与人交谈时，温文尔雅。他会使用大量的礼貌用词，从来不会用命令的口气跟别人说话。

当人们与不太熟悉或者是陌生人交往的时候，会时时提醒自己注意谈吐礼仪，将最好的一面展示在别人面前，以期给对方留下一个好印象。在面对熟悉、比较亲近的人时，他们便会放下心中的戒备，不会过于约束自己，说话做事都会变得随意起来。这样做，往往会模糊了彼此的界限，用命令的语气和对方说话。

如果你喜欢用命令的语气和关系亲密的人说话，这证明了你的内心根本不尊重对方。你忘记了其实每个人都需要尊重，即使是关系亲密的人也同样如此。感情深厚，并不是你不尊重别人的借口。只有彼此尊重，才能够建立一个和谐平等的交往关系。

很多时候，当你对亲密的人用命令的语气说话时，其实是将对方摆在了低你一等的位置上。因为彼此关系亲密，你理所当然地认为对方有义务帮助你。但是，当你遇到困难时，别人帮助你是情分，不帮助你是本分。你没有资格去命令别人。林肯曾经说过：“你不可能强迫别人同意你的意见，但却可以用引导的方式，温和而友善地使他屈服。”

相对于命令的语气而言，友善而温和地请求别人帮忙，才能够获得对方的好感，进而去帮助你，因为，命令的语气往往会使人感到不舒服。判断一个人情商高不高的标准之一，就是看他说话做事是否能够顾及别人的感受。越是与亲密的人交往，情商高的人越会注意遣词用句和说话的语气，因为他们懂得，关系再亲密，也需要去维护。

如果总是用命令的语气和对方说话，给对方带来不好的情感体验，那么，再好的感情也会产生裂痕。在向别人提出请求的时候，后面加上一句“可以吗”，可以在很大程度上弱化命令的语气，将主动权交到对方手中。

很多人都认为，如果给你提供帮助的人是关系亲近的人，那么事后不需要说谢谢。甚至，他们会认为说了“谢谢”之后，两个人的关系反而会变得生疏。但是，即使是亲朋好友，也不是生来就必须为我们服务的。你无视别人的劳动成果，甚至视之为理所当然，只会给彼此的关系泼冷水，让人不愿意和你交往。

当别人帮了你之后，说一句“谢谢”，既肯定了他人帮忙的成果，也强调了自己对他人的尊重。蔡康永曾经说过：“懂得说谢谢，才懂得如何拿捏人情的轻重。”在说话的时候，抱着尊重的态度，即使对方原本想要拒绝你，也会不好意思开口。这样，也就达到了你的最终目的。

湖南卫视综艺节目《爸爸去哪儿》播出之后，很多人被依然帅气的林志颖和他可爱的儿子 Kimi 圈粉。

在节目中，林志颖的教子之道被很多人赞赏。在林家父子的对话中，“请”“谢谢”“可以吗”等词语经常会出现。

林志颖爆料说：“在家里的时候，Kimi 经常会帮我的忙。比如，我刚回到家里，他就会帮我拿拖鞋过来。这个时候，我会对他说一句‘谢谢’，他也会很自然地回应我‘不客气’。”

“我认为，不管两个人是什么关系，如果你想要感谢对方，就应该说出口。”

情商高的人，说话办事，非常有分寸，不论交往的人是谁，都能够放低姿态，给对方以尊重，不让对方感觉到不舒服。如果你想要成为一个会说话的人，就应该学会尊重身边亲密的人，形成习惯之后，不论以后的日子中和谁交往，都能自然而然地尊重对方，给对方留下一个好印象。

尊重别人的意见，哪怕你并不认同

记得看《武林外传》时，对其中一集里白展堂和佟湘玉吵架的情节印象特别深刻。

“你无情，你无耻，你无理取闹！”

“你就不无情，你就不无耻，你就不无理取闹？”

“我哪里无情哪里无耻哪里无理取闹？”

……

两个人围绕着这一句话吵了一个晚上，等到天亮了也没有吵出什么结果来。最后，他们也许已经忘了当初争执的原因是什么了。聊天的时候，有人听到不合心意的观点就会和对方吵起来。但是，每个人都有表达自己观点的权利，即使你不认同对方，也应该尊重对方的意见。

口才大师卡耐基讲了这样一个故事：在第二次世界大战结束之后不久的一个晚上，他受邀参加罗斯·史密斯爵士的一场庆功宴。宴会上，他旁边坐了一位很幽默的男士。为了活跃气氛，这位男士给大家讲了很多笑话。其中，有个笑话还引用了莎士比亚的“谋事在人，成事在天”来作为论据。

但是，或许是这名男士记错了，误以为这句话出自《圣经》。卡耐基当时就毫无顾忌地纠正了对方的错误：“先生，这句话是莎士比亚说的，并非出自《圣经》。”男士听后显得很激动：“什么？这句话出自莎士比亚？不可能！绝对不可能的！”

男士反复强调自己是对的，卡耐基也很固执，就与他激烈地争论起来。

两人找到坐在另一边的法兰克·葛蒙，请他做公证。葛蒙是专门研究莎士比亚的学者，两人都很信服，共同向他请教。本来，卡耐基是确定自己没记错的，然而结果却非如此。

葛蒙先是向卡耐基递了一个眼色，然后说道：“戴尔，是你错了，这位先生是对的，这句话确实出自《圣经》。”这个回答让卡耐基大吃一惊，十分不解。

在回家的路上，卡耐基质问好友；“葛蒙，你明知道那句话出自莎士比亚，竟然和他一起说我不对，你是什么意思?”葛蒙答道：“是的，那是《哈姆雷特》第五幕第二场的台词。可亲爱的戴尔，你为什么一定要找证据来指责别人的错误呢？难道这样做会让别人崇拜你？为什么不给他留点面子呢？……戴尔，永远避免正面冲突，那才是理智的。”

在我们的生活中，争执这种事情几乎无处不在：一部小说，一场电影，一首歌，一个特殊的事件等，甚至一个人的穿衣打扮或妆容都能够引起争辩。“世界上没有完全相同的两片树叶，同样也没有完全相同的两个思想。”因此，对于某件事情，你可能总有和别人不一样的想法。这是你的自由和权利，但是你并没有资格要求别人必须同意你。

由此引发的争执，同样也是一个让人觉得乏味的东西。即使你吵得赢对方，获得的也不过是那一瞬间的快感，对于要解决的问题实在没有一点意义。总有一些喜欢争强好胜的人，与人聊天时，一定要在言语上压倒对方，一旦别人提出异议，便会和对方争得面红耳赤。这充分暴露了他的低情商。

富兰克林曾说："如果你老是争辩、反驳，也许你能偶尔获胜，但那是空洞的胜利，因为那样你永远也得不到对方的好感。"

情商高的人不会在没有意义的事情上浪费时间，因为他们懂得去尊重别人的想法。很多时候，只要不涉及原则问题，他们往往会默默地从争论中退出，面带微笑地接受他人的意见。这样既能够避免引发矛盾，获得他人好感，又不会在无谓的事情上浪费自己宝贵的精力和时间，同时，还能够给彼此的相处留有余地。

争论实际上是一件让人进退两难的事情，因为如果你输了，那你就是输了，颜面无存；如果你赢了，那还是输了，因为你的行为让对方下不来台，失去了面子，那你也不会赢得别人的好感。

同时，每个人都有自我认同的倾向。如果你争论的最终目的是想证明对方是错误的，那么，你越是努力地争辩，对方反而越相信自己是正确的。即使你在争论的过程中占了上风，也依然改变不了对方的想法。

著名作家伊夫林·比阿特丽斯·霍尔曾在《伏尔泰之友》一书中写过这样一句话："我不同意你的观点，但我誓死捍卫你说话的权利。"

尊重别人的意见，是高情商的表现。对于同一件事情，本来就会有不同的看法，孰是孰非，谁对谁错，并不是非得要有个明确的定论，只要大家能充分表达自己的观点就行了。因此，尊重不同的观念、见解和不同的声音，既尊重了对方的言论表达自由，又给对方提供了一条释放情绪的渠道。

当然，不与他人争辩并不意味着让你做一个老好人，无原则地同意别人的观点。一味地同意别人的观点，最后你就会失去自我，变成别人的

“应声虫”，即使别人故意刁难你，你也不敢反抗。其实，当遇到不利于自己的言论时，不必和对方争吵，你可以借“祸水东引”，巧妙地摆脱窘境。

有一次，黄渤参加《光荣绽放》，主持人问他：“恨过自己为什么长这样吗？”

黄渤幽默地说：“没有哎，有的时候吧，鸡立鹤群不是一件坏事。”

主持人依然不依不饶：“但你这长相我还是想多聊聊。”

黄渤没有去和主持人争辩，而是故作严肃地说道：“我们今天一定要在相貌上做足文章吗？回去我万一有自杀倾向，回来找你们吧？”

一句话，顿时让主持人笑了起来，也将话题从“长相”上转移开了。

正是因为有各种不同的声音，世界才会变得精彩。如果世界成为某一个人的一言堂，想想看，那将是多么可怕又可悲的事情。所以，你完全不必为他人的观点与你不同而愤怒。懂得尊重别人，学会接受不同观点，这才是一个情商高的人应有的表现。

第三章

最高的情商，是说话有分寸

不是说话越大声越有理

与人争辩的时候，很多人都是越说声音越大，认为这样就能够压倒对方、战胜对方。但是，很多时候并不是说话声音越大，就越有道理。说话声音大，还会给他人留下一个粗俗无礼的坏印象。

有一次，窦文涛和一位嘉宾谈论“人生应该秉持怎样的生存态度”这一问题，两个人都想说服对方，证明自己的观点才是正确的。

说着说着，嘉宾有些着急，大声地说道：“做人应该顺其自然！”

窦文涛听了嘉宾的话，有些激动。他并不同意这个看法，刚要大声说些什么，忽然，他停了下来，嘴角带着微笑，不急不缓地说道：“我要是真按着家里的路子走，就是三个儿子，一人一盆饺子，吃完了躺在沙发睡一下午，然后接着吃，吃完继续睡。如果我不争取一把，这就是我的生活。”

他的声音平稳，语调平和，听起来却十分有道理，也十分有感染力。

与人交谈时，很多人会陷入这样一个误区：当他表达自己的立场时，会提高自己的音量来增强气势。但是，说话加高音量其实并不能够增加你的说服力。甚至，很多时候，你的声音越大，越会给别人造成一种“你在找茬”的感觉。

尤其是在与人争吵的时候，双方情绪都比较激动。如果你这个时候加大音量，不仅会让对方觉得你是在挑衅他，而且还会将你的愤怒传递给对方。为了维护自己的权益，对方也会加大音量，就会导致争吵越来越激烈，甚至会失去理智，做出无法挽回的事情。

正所谓“有理不在声高”，一个真正有理的人，不会企图用提高嗓门的方法去说服对方。列宁曾说：“要更冷静地分析论据，更详细更简明地说明事实的真相，只有这样才能保证获得绝对的胜利。”

情商高的人，与人发生意见分歧时，不会让情绪压制住理智，丢失自己的风度。他们会冷静地分析当下局面，找到对自己有利的一面，然后淡定自若、有理有据地阐明自己的观点。即使非常生气，他们也能保持和颜悦色、有礼有节的态度，言之成理，持之有故，用缜密的逻辑将己方立场阐述得滴水不漏，这比举着“高音喇叭”大呼小叫要有用得多。

如果你一遇到点事情就喜欢大呼小叫，那么不仅问题根本得不到解决，还会给他人留下一个蠢笨的印象，让人觉得你是一个不可相交之人。纵观古今，那些在历史上能留下浓墨重彩的一笔的人，在处理事情的时候，从来不会失去分寸地大呼小叫。他们如果想要说服别人，会循序渐进地摆明道理。随着交谈的深入，他们会适当提高音量，来增加说服力。但是，这个音量是控制在适当的范围内的，它会让他的声音更富于感情，而不是毫无风度地歇斯底里。

在《奇葩说》的舞台上，很多辩手走入了一个误区：为了获得观众们的支持，说话的声音越来越大，甚至声嘶力竭。他们挥舞着手臂，企图用大嗓门和高语速来震撼观众。

《奇葩说》第五季冠军陈铭，在辩论的时候，总是有条不紊地述说着己方立场、论据，逻辑清晰，丝丝入扣。

但是有一次，他在辩论的时候，遇到了一名很让人恼火的女辩友。这名辩友完全不理会陈铭的话，只顾着抬高嗓门一顿狂说。竟然真的在气势上将陈铭压了下去，获得了很多现场观众的加分。

而陈铭的逻辑明明无可挑剔，却被观众们扣上一顶“鸡汤王”的帽子，被嘲笑“站在宇宙中心呼唤爱”。陈铭很是失落，很长一段时间里，他都在考虑要不要转换自己的风格，像别人一样类似“撒泼”地去辩论，只顾用大嗓门“怼”得对方无处可逃，直到对方闭嘴为止。

但是，最终他选择坚持做自己，在第五季《奇葩说》的舞台上依然延续着不温不火，却非常有逻辑的辩论风格，最终取得了胜利。他用事实证明：在这个舞台上，并非说话大声就有理。

想要获得他人的信赖和好感，就要以理服人。能否说服他人，并不在于你声音的大小，而是在于你的观点是否能够获得他人的认同。如果你只会一味地提高音量，不仅会让自己失利，而且它也是一件非常可怕的事情。长此以往，会让你形成思考肤浅、情绪易于失控的坏习惯。这个坏习惯甚至会影响你生活的方方面面。也就是说，你可能因此而一时得利，但是最终会失去更多。

如果你想要成为一个情商高的人，那么在说话的时候就应该保持平和的态度、恰当的语速、恰当的音量。很多时候，越是沉着应对问题，就越能够说服、震慑对方。

任何时候都不必咄咄逼人

生活中，有的人总是喜欢揪着别人的错误不放，一副咄咄逼人的架势。但是，没有人是完美的，每一个人都会犯错。你看到别人的错误，委婉指出来即可。俗话说“得饶人处且饶人”，若是你不顾他人感受，习惯性地去攻击、去批判，即使你有理，也会让人厌恶。

相声演员岳云鹏曾经在央视《面对面》节目中回忆过一段特别“难忘”的经历：

15 岁的时候，岳云鹏在餐馆里当服务员。有一次，他不小心写错了菜单，多记了两瓶啤酒，仅仅是为了这 6 块钱，被一个大哥辱骂了 3 个多小时。无论他怎样道歉，对方都不接受，最后还是岳云鹏为其掏了饭钱，对方才罢休。

当主持人问岳云鹏现在是否已经原谅了对方。岳云鹏哭了，说道："虽然在这个场合，我应该说我放下了，但是我要说，没有……我特别恨他。"

在大庭广众之下，对方如此咄咄逼人，已经成为岳云鹏心中永远无法愈合的伤痕和无法回首的难堪。

这样咄咄逼人的场面，我们在生活中常常看到。现在主打的是"顾客就是上帝"的口号，人们便真的以为自己是"上帝"了。去饭店吃饭的时候，只要服务员有一点怠慢，便得理不饶人，让老板过来处理；送外卖、快递的小哥，只要有一点点迟到，便指着鼻子大骂，骂完还要差评投诉……如此咄咄逼人，实在令人讨厌。

"咄咄逼人"的"逼"者和被"逼"者同样都是人，人都有自己的尊严。我们不妨换位思考一下，若你是餐厅的服务员，水倒晚了，你真诚地道歉之后，顾客还对你喋喋不休，破口大骂，你的心中是不是也会伤心难过？

情商高的人，面对别人的错误，不会咄咄逼人让对方承认，以此显示自己的优越。他们通常会委婉地告诉对方，即使对方不认错，也不会揪着不放。正所谓"得饶人处且饶人"，严以律己，宽以待人，别人也会称赞你宰相肚里能撑船。

从前，有一位高僧受邀去参加法会，主人为了表示重视，特意为高僧置办了一桌丰盛精致的素宴。

然而在吃饭的时候，高僧的徒弟发现有一盘菜里竟然有一块猪肉。徒弟很生气，故意将肉翻出来，打算让主人看到，好问一下主人是什么意思。没想到高僧却立刻用自己的筷子将猪肉掩盖起来。

一会儿，徒弟又将肉翻了出来，高僧再次遮盖。如此再三之后，高僧在徒弟的耳边轻声说道："你若是再将肉翻出来，我就立刻把它吃掉。”徒弟听完，吓得再也不敢去碰那块肉一下。

等到宴会结束了之后，回去的路上，徒弟疑惑地问道：“师父，那个厨子明明知道我们是出家人，还敢在菜里面放肉，为什么我们不让主人知道，好处罚他？”

高僧双手合在一起念了一句佛号，缓缓地说道：“世上的每一个人都会犯错，无论是有心还是无心。若是让主人看到菜中的肉，势必会觉得厨子丢了他的面子，盛怒之下可能会当众狠狠处罚厨师，甚至会辞退他，这不是我想看见的。你要记住，得饶人处且饶人，万事切不可咄咄逼人。”

徒弟若有所悟地点了点头。

曾国藩曾经说过一句话：“今日我以盛气凌人，预想他日人亦盛气凌我。”今日你强势，他日必然会出现一个比你更强势的人；而今天你咄咄逼人，他日也必有人咄咄逼你。

有人苦恼地说道：“这些道理我都明白，我也知道咄咄逼人不好，可是改不掉这个毛病怎么办？”

其实想要改掉咄咄逼人的习惯并不难，最重要的便是：你要端正态度，明白什么叫得饶人处且饶人，看到别人的错处也不要揪着不放。具体可以试一试下面的方法：

首先是反应慢半拍。当别人说错了话或者做错了事的时候，不要立刻作出反应。在话说出口之前，先思考几秒钟，想一下你说的话会不会伤害到别人，然后再阐述你的观点。

其次是注意语气，将肯定换成商量。有时候，肯定的语气也会伤到别人，可以把“我相信”“你一定是……”“绝对会……”之类的表达换成“可能”“或许”等，用模棱两可的词语代替确定性的词语，给自己的话语装上一个“缓冲垫”，当你指出别人的错处的时候，别人会更容易接受。

最后是学会换位思考。照顾对方的感受。当你想要出口指责一个人的时候，先换位思考一下，若处在那个位置的人是你，被人如此对待，心中是什么样的感受？想明白了，再开口说话。

我们常说“祸从口出”，一个情商高的人，与人交往时，说话办事会十分注意分寸，不会损害他人的面子，给他人造成困扰。因此，如果你想要成为他人眼中会说话的人，就一定要注意说话的分寸。

交浅就不可言深

交浅言深，其实是一种低情商的表现。生活中，有一些人和别人认识没有多久，就喜欢和对方说一些非常私密的事情，甚至，还以朋友的身份，站在制高点上对他人的事情指手画脚。

在电影《一个时代的婚恋观》中，男主角查尔斯身上发生了这样一件事情：

有一次，查尔斯去参加朋友的婚宴。在酒酣之际，有一位朋友过来找他说话，两个人的关系并不熟。交谈期间，查尔斯不断地找话题与对方闲聊。等到他觉得两个人之间的气氛比较融洽的时候，突然问对方："你的女朋友好吗？"

听到这个问题，对方神情一怔，随即微笑着说道："她已经不再是我的女朋友了。”

“哦，这真是一件悲伤的事情。”听到对方的话，查尔斯自觉失言，有些尴尬。于是，他开始安慰起对方：“别难过了，其实大家都知道她一直与陶比有着不正当的关系。”

这句话不但没有安慰到朋友，反而让他脸色变得更加难看，他捏着拳头道：“她现在已经是我的妻子了！”说完，便生气地走了，独留查尔斯一个人尴尬地站在那里，不知道该怎么办。

在社交场合，很多人说起话来把握不好分寸，总是会说出不合适的话或者做出出格的举动。比如：明明两个人只是普通朋友，或者只是见了几次面，他却在你面前不断地评判他人是非，“你那个同事也太‘绿茶’了，私生活特别乱……”；或者是，两个人的交情并不深，他却不断向你倾诉烦恼，甚至一开口就想要和你借五万块钱……

更可怕的是，还有一些人明明和对方并不熟悉，却专门喜欢窥探别人的隐私：“你老公一个月能挣多少钱啊?”“这么大年纪，你们还不生小孩吗?”“听说你老公在外面有了别的女人，是不是真的啊?”……他们毫不避嫌，把自己当作你的好朋友、老熟人，肆意对你的隐私指指点点。

孔子说过：“可与言而不与之言，失人；不可与言而与之言，失言。知者不失人，亦不失言。”意思是说：一个人遇到应该交谈的人，却没有交谈，就是错过了人才；遇到不应该交谈的人却与他交谈了，就是白费口舌。聪明的人不会错过人才，同样也不会浪费语言。这句话同样也可以应用到社交之中。遇到交情深的人，可以多倾诉一些，如果遇到交情浅的人，说话的时候就要点到即止。如果一再“言而无度”“交浅言深”，无疑是情商低的表现。

很多人遇到谈得来的新朋友，便滔滔不绝地说起了人生路途上大大小小的趣事、糗事，有时候一不留神就说出了某项“家丑”或隐私。难过伤心的时候，逢人便倾诉自己的苦恼，希望身边所有的人都能对自己的遭遇表示同情。

但是，这种自以为是的坦率真诚，只会成为他人的负担。任何一段人际关系，都有一个发展的过程。由点及面，由浅入深，由表层交往发展为深度的密切交往。关系递进需要时间，太过热情，反而难以维持交情。

如果和一个人刚结识不久，就向对方坦露心底的秘密，不会让别人觉得你是坦诚相待，只会给别人留下一个“比较傻”的印象。而且，别人心中还会想：连自己的秘密都能这么轻易地告诉别人，如果有一天他知道了我的秘密，想必会马上昭告天下。所以，生活中面对这样的人，人们会不约而同地选择远离。

情商高的人，在与他人交往的时候，明白什么话该说，什么话不该说，更能够做到在合适的场合，对合适的人说合适的话。

蔡康永曾在节目上分享过这样一件事：有一次，他遇到一位女性朋友，闲聊时问道：“你的先生对你非常好吧？”

然而，蔡康永与这位女性朋友并不熟悉，不知道她的丈夫正在与她闹离婚。她认为蔡康永是在故意嘲讽她，心中很是生气，后来主动疏远了蔡康永。

对于她的疏远，蔡康永很是不解。后来机缘巧合之下了解了事情的真相之后，他才明白：“好友谈话，虽然必须谈得深才有意思，但这事急不得，等到交情够了，再深入地谈吧。电视上的访谈节目，也应该打上警示语：‘危险动作，请勿模仿！’”

后来，蔡康永对于如何与人相处，还提出了两条建议：一个是与不熟的人聊天时，对方的财务状况、感情状况乃至身体状况很容易有苦衷，或者不方便与交情浅的人直言，诸如此类的话题最好不要主动涉及。

另一个是，对于一些交谈时比较容易引起矛盾的话题，或者是对方明显拥有强硬立场的话题也要巧妙避过。比如，不要随意攻击对方的偶像、评判对方的宗教信仰等。除此之外，还要注意，不要和第一次见面的人大谈人生观、价值观。如果双方拥有类似的价值取向，聊起这一类的话题自然默契十足；可若三观相差甚远，只会话不投机半句多。

很多时候，想要让一段感情变得越来越深，仅仅靠着三言两语是做不到的。情商高的人在经营一段关系的时候，不会心急。他们会通过生活中的点点滴滴，来获取他人的信任。

如果想要加深两个人的交情，就需要时间来经营。在这段时间里，你需要做的就是说话的时候注意分寸，不要说得太多太满以至于破坏了你在朋友心目中的形象。

可直率但不可粗俗

很多人都喜欢和直率的人相处，因为，直率代表一个人不会有太多的坏心眼，相处起来简单又舒服。但是，一个人直率，并不代表他可以说话粗俗，肆无忌惮地戳别人伤疤。

他们打着关心的名义，将你的缺点一次又一次地暴露在人前。一旦你生气了，便以“性格直率”来为自己开脱，并且责怪你“不通人情，不识好人心”。“直率”并不代表口无遮拦，或者是故意在别人面前找优越感。直率，是指一个人说话做事爽快、干脆，不拐弯抹角。

在文化节目《见字如面》第一期上，展示的是著名画家黄永玉先生写给著名剧作家曹禺先生的一封“批评信”。

当主持人将信读出来的时候，里面的内容深深地震撼了台下的观众。

在信中，黄永玉先生是这样写的："曹公曹公，你是我极尊重的前辈，所以我对你要严！我不喜欢你解放后的戏，一个也不喜欢。你心不在戏里，你失去伟大的灵通宝玉，你为势位所误！从一个海洋萎缩为一条小溪流，你泥溷在不情愿的艺术创作中，像晚上喝了浓茶，清醒于混沌之中。命题不巩固、不缜密，演释、分析得也不透彻。过去数不尽的精妙的休止符、节拍、冷热、快慢的安排，那一箩一筐的隽语，都消失了。"

虽然用词犀利，却掩盖不住黄永玉先生对曹禺先生的尊敬、关心及"爱之深、责之切"的深沉情感。

生活中有很多性格直率的人非常可爱，他们善于关心别人，发现别人有困难会及时帮助。但是，也有一些人，虽然是关心别人，因为找不到正确的方法，最终得到南辕北辙的结果。尤其是那些喜欢直言不讳指出别人错处或者缺点的人，比如，一个人很胖，最怕别人在他面前提"胖"这个字，结果他有个朋友见到他就说"你怎么还不减肥?""你这么胖，小心得病!"……又如，一个人学习不好，偏偏有人在他面前说："唉，这次我又考砸了，竟然不是满分。你考得怎么样呀？哦，不及格啊，没事，有不会的来问我。"

虽然你是在表达自己的关心，但是言语之间却会给对方一种幸灾乐祸的感觉，甚至对方还会怀疑你这样说是故意嘲讽他，从而，对你产生坏印象，记恨甚至远离你。

很多人疑惑："讲真话不对吗？难道是要讲假话吗?"并非如此。在生活中，讲真话是人们赞赏的好品质。西方法庭为了审判公平，特意设定了一个"真话原则"，就是所有证人在出庭之前必须宣誓保证自己说的话都是事实，而且是事实的全部。

但是，生活并不是法庭，不需要做到纤毫毕现。与人交往时，你可以通过讲真话来显示自己坦率的性格，但是一定要根据实际情况做出合适的选择，不能让对方感觉到不舒服。

即使是关心别人，也要建立在尊重对方的基础上。美国耶鲁大学史端博教授曾说：“愚蠢的第一表现就是‘自我中心性’。”成年人的人际交往，脱离不开互利互惠的原则。你希望别人照顾你的自尊，那么你也应该做出相应的付出，不要将“我这个人就是这样，有什么说什么”挂在嘴上，不考虑别人的感受。

情商高的人，在与人相处时，说话不拐弯抹角，但他们也会十分注意分寸，不提及别人的缺点和痛处，并且还会给别人台阶下。

黄渤在拍摄《极限挑战》的时候，众人闲聊，忽然其中一人指着孙红雷说：“啊？原来红雷的年纪是我们之中最老的啊？”

孙红雷听了有些尴尬，这时候黄渤立马说道：“会不会说话？人家在我们当中是最大的！”

还有一次，“极挑兄弟”做任务，需要用棉被去运冰。他们中的一位艺人对此感到不可理解，在他看来，用棉被盖住冰只会导致冰块加速融化。其他人解释了半天，那位艺人依然一头雾水。

其实这里面涉及的物理原理非常简单，棉被能把外面的热空气阻隔开来，从而能够使冰块保存较长的时间。因为那位艺人很小就离开学校进入娱乐圈，文化知识方面确实比较欠缺。黄渤没有直接说他文化低，只是委婉地说道：“看来我们真是生长环境不同啊！”

接着，黄渤笑着说他们小时候经常用棉被裹冰块，而从没做过这样的事情的人自然不懂。

季羡林先生曾说：“做人应该‘假话全不说，真话不全说’。”意思就是说，与人交往时，要坚守自己的底线，不说假话，但是，对于真话要有选择地说，既要让对方感觉舒服，又能够保护自己。这恰好是高情商之人的为人处世之道。

即使你性格直爽，也不要随着自己的心意想说什么就说什么。在说话之前，给自己规定一个度，在这个度的范围内，摒弃假话，说让别人听着舒服的真话，这样你才能够和别人成为朋友。

拿不准的问题不要武断

“你现在还不结婚？你再不结婚，年纪大了就嫁不出去了！”

“现在你还想买房？别怪我没有警告你，房价马上就要降下来了，到时候别后悔！”

“你过生日，男朋友就送了一支口红？这也太抠门了，你要是嫁给他肯定会受苦！”

……

相信很多人都有过这样的经历：对方明明不了解你的真实情况，对于你的决定却坚定地持有肯定或否定的态度。他们喜欢断章取义，以偏概全，明明不知道真相，却总是武断地做决定，甚至将自己错误的决定告诉你，误导你。

在某个社交平台上，有一位网友提出了这样一个问题："同事太难相处了怎么办?"接下来对问题作了补充说明："公司有一个身材比较胖的同事，问我想要变漂亮，是不是一定要下决心减肥。我建议她先去学会化妆再买几身漂亮的衣服。她说，身材胖的穿什么都不好看，而且买化妆品根本就是浪费钱。

"接着我说，你成天穿得这么土，还不好好化妆，就算瘦下来也不会好看到哪里去，反正我觉得她应该先好好打扮一下自己才对。结果她就和我吵了起来，最后我说了一句'不好好打扮，就算瘦下来也肯定不会漂亮'。结果，她非常生气地走了。

"还有很多同事说一跟我说话，就觉得心里不舒服。我是真心给他们建议的，他们根本不理解我。你们大家说，他们是不是很过分!"

结果，这名网友非但没有得到众多网友的安慰，反而引来一堆吐槽："你的情商真是低到让我大开眼界!""和你做同事，真是太不幸了!""你也太自信了吧?你同事都说减肥了，你还要人家买衣服和化妆品，你说的就是对的吗?"……

做事、说话武断的人，很多时候得出的结论并不是真实存在的，而仅仅是他们的猜想或者是他们认为的"事实"。他们说话的时候，喜欢是用"当然""肯定""绝对"等比较武断的词，并且，在向别人传递自己错误思想的时候，言语之间会流露出"如果不听我的话，你就会倒大霉"的意思。凭借着这种耸听危言，让别人不自觉地服从他。

然而，这样的人并不关心事实究竟如何，说话不会考虑过多，只是为了说而说。长此以往，便会给人留下不可靠、不可信的印象，被别人孤立，社交之路也会越走越窄。

很多人都听过"三人成虎"的故事，明明没有老虎，可偏偏有三个人武断地认为一定有，还四处散播谣言，结果越来越多的人相信有老虎，造成很大的社会恐慌。在人际交往中，如果你太过武断，会给你带来很多坏影响。

你若在全面了解一件事情之前就“盖棺定论”，实际上是非常不负责任的表现。也许你获得了倾诉的愉悦，但是很可能会给别人造成损失。情商高的人，说话办事都会留有余地，不会将自己置于尴尬的境地。尤其是，在面对自己没有亲身经历过的事情、不太了解前因后果的事实或尚存疑点的问题时，他们并不会立马做出决定或发表观点，而是先对事情进行取证分析，以便得出一个最可靠的结果，并且，他们不会强迫别人必须听他的，只是合理地提出建议。

当然，人们总是会遇到一些必须做决定的情况。但是，即使如此，与别人沟通的时候，也要注意遣词用句，避免使用“总是”“绝对”“全部”等词语，武断的回答只会引起他人的反感。

没有人会喜欢自己做事情时有人在旁边指手画脚，因此，如果你不得不给他人提建议，可以在最后加上“这是我个人的看法，你认为怎么样?”来减轻对方的不适感。同时，在交谈时，多使用“有些”“有时候”“部分”等词语，或者“从现有的情况看，我想……”“这只是我个人的想法，并不一定准确”“我的立场是这样的，也许很幼稚”等语句，这种商量的口吻，更容易让对方接受。

美国著名政治家本杰明·富兰克林年轻的时候，非常喜欢在公共场合高谈阔论，夸夸其谈。当他与别人讨论一个悬而未定的问题时，总是将别人的看法贬低得一无是处，武断且坚定地认为自己才是正确的，即使这件事情，他并不知道最终结果和经过。

有一天，富兰克林突然发现，很久没有朋友来找自己玩了，他出去和别人说话，对方也总是以沉默回应。一开始，他茫然无措，不知道自己哪里出了问题。

后来，他发现是自己说话的方式出了问题。

从这以后，富兰克林改变了自己的说话口吻，在提意见时全部改用疑问、商量的口气，也不会强迫别人必须接受他的观点。

慢慢地，大家能够平心静气地接受他的言论，他的人气终于又回来了。

很多事情并不是一成不变的，你也没有预知未来的超能力。所以，你并没有资格让别人根据你的所思所想去做事情。情商高的人，在生活中非常善于思考；同时，无论是说话还是做事，他们都能够保持理智，不会犯“武断”的错误。

如果你想要在社交场合受到别人欢迎，那么，就要注意自己的说话风格，尤其是在事实尚未水落石出、问题牵涉面广等情况下，千万不要说过头的话。

情商高的人，不滥用承诺

“放心，这个事情我一定给你办好。”结果，对方转身就忘了。

“我的为人你还不了解吗？回头我就把钱给你转过去。”结果一直等了半个月，钱也没到账。

“你先在那里等着我，我一会儿就来。”等了半天对方也没来，给他打电话，他却说“今天可能下雨，不去了”。

……

生活中，这种事情非常常见。被“放鸽子”后，很多人心中都会非常恼火，并且对于那个放自己鸽子、浪费自己感情和时间的人非常气愤，恨不能再也不与对方来往。由此可见，人们对于不守信用的人有多么厌恶。

有一次，陈琳工作上遇到了难题，客户要求她提供一份有关产品分析的 PPT，然后他们的公司分析之后，才能够决定是否要签合同。

但是，陈琳并不会做 PPT。她想起来有一个朋友，非常会做 PPT。为了留住客户，陈琳找到朋友，问他有没有时间帮自己做一个 PPT，会按照市场价格支付酬劳。

朋友说没问题，让陈琳将要求发给他。

陈琳将要求发给他之后，说道："这个 PPT 对我很重要，麻烦李哥这几天帮我做出来，回头我请你吃大餐。"

对方说道："放心吧，我做事一向靠谱。"

但是，到了预定的时间，陈琳一直没有收到对方的 PPT，心急之下，给对方打电话。结果对方说："哎呀，我这几天比较忙，把你的事情忘了，要不然你找别人做吧。"

还没等陈琳回话，对方就把电话挂了。

老子曾曰："轻诺必寡信。"意思就是说，轻易向别人承诺的人，一定很少讲信用。的确如此，在生活中有很多人经常头脑一热，答应别人各种要求。但是，很多时候他们的能力并不足以让他们完成自己答应去做的事情。然而，他们在发现这个事实之后，因为害怕失去面子，并不是马上告诉对方，让对方另想办法，而是，拖延时间直到最后一刻，才以一种"无赖"的姿态，告诉对方事情没有办成，给别人造成重大损失，却毫无愧疚之意。

这样的行为，就是典型低情商的表现。通常，这样的人，人缘都不会太好。情商高的人，非常重视自己的承诺。他们不会轻易许诺，但是一旦答应了别人某件事情，就一定会做到。

承诺关系到一个人的信誉问题，反映的是一个人责任感的高低。它带给承诺对象的，是无限的希望，是满含期待的等待。一个人如果做出了承诺，那便是一个无法更改的事实，如果这个承诺没有实现，或被遗忘，对于承诺对象而言，就是一种欺骗。

说到做到，是一个人有诚信的表现。而诚信，是社交场合最重要的通行证。很多人心中委屈："我确实是真心想要帮助对方，但是很多事情并不是我能够控制的，谁知道现在办不成了？这不是我的错，是世界变化太快。"

没错，世界的变化速度确实很快。有些我们原本可以轻松做到的事情，很可能因为一个小小的变化，下一秒就变成了难以逾越的鸿沟。这就意味着，一个人在向别人做出承诺之前，必须对自己的能力和当前的境况有一个准确的评估，不要随意向别人许诺。

在与人交往的时候，做每一个承诺都要经过深思熟虑，不可轻率地答应别人的请求。因为，当别人发现你做不到之后，往往不会听信你的解释，只会对你感到失望，觉得自己受到了欺骗。长此以往，你在别人的心目中就会形成一个"不靠谱"的印象，别人需要帮助也不会再来找你。甚至，出于被你"放鸽子"的恼火，在你需要帮助的时候，对方也不会伸出援手。

有的人，喜欢轻易许诺，完全就是为了在别人面前彰显自己的能耐，或者是碍于面子不好意思说"不"。这样的人，就是典型的死要面子活受罪，硬着头皮答应的后果就是，劳心劳力四处欠人情求人帮忙，也没有把事情办好，最后还被对方埋怨。

李胜经常和别人吹嘘自己有多厉害，教育局里也有熟人，不论什么事情都能够办成。他的一个当老师的朋友听说了，正好自己面临着调职的难题，便问李胜认不认识教育局的人，能不能把他从小学调往中学。

李胜听了之后，很是尴尬，其实他在教育局根本没有熟人。但是，如果说破，他在朋友面前的面子就保不住了。于是，只能硬着头皮答应了。

但是，他没有门路，最后也没能够帮朋友成功调职。朋友很是生气，于是，逢人就说李胜多么虚荣爱吹牛，其实什么事情都办不成。渐渐地，别的朋友也不愿意和李胜来往了。

总之，不要轻易做出任何承诺。须知，滥用承诺，不但会使自己活得辛苦，还会导致个人信誉的贬值。所以，如果你想要提高自己的情商，有一个好人缘，那么就要做到不随意许诺。同时，答应别人的事情一定要做到。

话不宜多，必要时保持沉默

说话，是生活中最平常的一件事，人们想要表达自己的思想，就要说话。但当你不明白事情的真相时，多说话很容易给别人造成困扰，甚至，造成不可挽回的损失。

张嘉佳认为自己非常会说话，并且非常喜欢和人聊天。有一次，朋友小米的感情出现了危机，张嘉佳和另外几个朋友去安慰她。

一个朋友说："小米，你不要伤心了，这件事情可能并不是你想的那个样子。"

"对呀，虽然他那天没有接你的电话，但可能是他有事情呢。你连他的解释也不听，怎么就能认定他不爱你了呢？"

……

所有的朋友，都是朝着好的一面去安慰小米。这个时候，张嘉佳说道："这女追男的感情就是容易出现危机。当初你先追的他，所以他才会这么不珍惜你的感情。我看，这次他不接电话就是故意的。小米，如果先向他低头就输了，以后他就会越来越不重视你。"

"佳佳，你这是说的什么话，劝和不劝离知道吗？"一个朋友听不下去了，出声打断了张嘉佳的话。

"我这么说有什么错？事实本来就是这样，我也是为了小米好。男人你越是忍让，他就会越过分。"

小米听着张嘉佳的话，觉得很有道理。原本想要和好的心，也熄灭了。事情就这么一直僵持了下去，结果没多久，两个人就彻底分手了。而且，小米后来才知道，原来那天男朋友没有接她电话，是因为妈妈生病住院了，他一直在陪床，手机没电了也没来得及充电。

小米非常后悔，神色也越来越憔悴。张嘉佳也非常后悔，那天如果她没有怂恿小米坚持不原谅对方，事情也就不会这样了。

当你尚未了解一件事情的起因经过时，就对其发表看法。那么，这些看法往往是有偏颇的。有一些"话痨"，和人交谈喜欢滔滔不绝。他们并不会去为自己的话负责，即使这些话最后导致了不好的结果，也会推卸责任。这其实是一种情商低的行为。

正所谓"言多必失"，人们说话越多，越容易出错。尤其是与人争吵时，想要用各种大道理说服对方，往往只会得到与之相反的结果。

人们常说"以理服人"，但是在某些场合，话说得越多，反而会让事情变得越麻烦。尤其是和别人争吵的时候，每个人心中都会坚持自己的原则，不愿意在别人面前低头。如果一直和对方争执下去，不但事情得不到解决，还会让你身心俱疲。

当你无法说服一个人的时候，不要想着四处搜集论据让对方拜倒在你的“真理”之下。这个时候，你最应该做的是闭嘴，退让。不论对方说什么，都以沉默相对。不要不甘心，因为越争辩，越容易发生口角。口角一旦形成，就容易恶语伤人。同时，你越争辩，越让对方兴奋。如果你适时地选择沉默，对方见没有人跟自己针锋相对，也会偃旗息鼓。

心理学教授格瑞德·古德罗曾说过：“沉默可以调节说话和听讲的节奏。沉默在谈话中的作用就相当于零在数学中的作用。尽管是‘零’，却很关键。没有沉默，一切交流都无法进行。”

与人交谈，一旦说出别人不爱听或者是感到尴尬的话，就会让对方不高兴，交谈的气氛也会变得沉闷。但是，沉默则不同。在某些场合，沉默不语可以避免失言，从而让自己免掉因为不假思索地说出不恰当的话而可能给自己带来的麻烦。很多时候，一个人沉默是建立在倾听的基础上的。人们都喜欢和能够认真听自己讲话的人交往。

很多人认为，沉默是一个人懦弱、不敢争取自己利益的表现。事实并非如此。沉默，它是一种力量，它能够给他人一种安全感，能够让你的人际关系变得更加和谐。在与多嘴多舌的人交往时，人们会下意识地在心中防备对方，说话也会有所保留。因为，他们认为，和对方说的话可能下一秒就会被他传扬出去。所以，在生活中，人们更喜欢和沉默的人交往。

同时，沉默也是一种表达自己立场的好办法。比如，当你遇到为难的事情时，如果当面拒绝对方，难免会给对方留下不近人情的印象。而且，你列举的理由越多，对方越会认为你是在辩解。不如用沉默来应对，无声地拒绝对方。

有一次，美国前总统威廉·麦金利指派某人为税收的负责人。这一决定，惹怒了一些人。于是，他们派了几位代表前来抗议。

前来抗议的代表中有一位身高6.2英尺，脾气很暴躁。他用愤怒的口气斥责威廉·麦金利，甚至在话语中还带上了侮辱性的词语。

这位代表的无礼让威廉·麦金利十分愤怒，但是，他并没有立刻和对方争吵，而是毫不作声，任对方去发泄，就像没有听到那些难听的话一样保持着沉默。

等到这位代表把话说完了，麦金利总统才平和地说道：“现在你觉得好些了吗?”

“你什么意思?”这位代表听了麦金利的话，脸上露出了讶异的表情。

麦金利接着说：“就依你刚才所说的言辞，你实在无权知道我指派某人作为税收责任人的原因，不过我马上会告诉你的。”

对比麦金利的平静，刚刚暴怒的代表马上脸红了，他想要道歉，又听总统笑着说道：“无论什么人，如果不知道事实究竟是怎样的，被弄得发狂也是正常的。”

然后，麦金利向几位代表解释其中的缘由，他用沉默的智慧化解了一场争吵。

在现代社会，人人都希望自己有好口才，他们认为，情商高的人就是会说话。其实，这只是一方面。情商高的人，该说话的时候说话，该沉默的时候沉默。他们十分善于掌握分寸，所以才能够受人欢迎。

如果你想要在别人面前刷存在感，绝对不能只靠不停地说话。否则，只会拉低你在他人心目中的印象分。和别人交往，适当地选择沉默，给他人留有空间，才能够让感情更加深厚。

点到为止，说话要有分寸

“你穿这身衣服真好看，不过，如果你减下肥穿起来就更好看了。”

本来对方听到你的前半句话非常高兴，结果你加上后半句。虽然听起来是给对方建议，为对方着想，但是并不能够得到对方的好感。在社交场合，交情再深，说话也要点到为止。说话越深，越容易触及对方的底线。

著名作家藤本义一曾讲述过发生在自己身上的一件事情：

藤本义一有一个女儿，他给女儿定的门禁是晚上十点。有一天，女儿直到午夜十二点钟才回到家中，而且满身的酒气。藤本义一非常生气，他担心这么晚女儿会遇到危险。

一旁，藤本义一的夫人问道：“这么晚，你去哪里了？”

女儿一边打着呵欠，一边不耐烦地说道：“去和朋友玩了。”

看到女儿敷衍的态度，藤本义一的夫人很是生气，于是她将女儿大骂了一通。女儿本来就很想休息，母亲的喋喋不休让她非常烦躁。这个时候，藤本义一的夫人说道：“你必须去和你的父亲解释一下你今天的行为。”

女儿黑着脸来到藤本义一的书房，本来以为迎接自己的会是父亲长篇大论式的训斥，但让她没想到的是，父亲只是静静地看了她半晌，然后冷静地吐出四个字：“你这混蛋！”

然后藤本义一便将女儿独自留在了房间里，愤怒地离开了。在黑暗中，女儿意识到自己的行为确实太过分，从这以后，女儿再也没有晚回过家。

有时候，说话越多越容易引起他人的反感。如果你能够用一句话就能表达清楚意思，那就不需要滔滔不绝。比如，你去面试的时候，面试官让你介绍一下自己。你可以从自身优点、专业、成就等方面入手，寥寥几句就可以清楚地介绍自己。如果你长篇大论，即使有能力也会让对方对你失去兴趣。

不论是夸赞还是批评，都需要点到为止。赞美别人，虽然会让对方高兴，但如果你夸夸其谈，听者就会怀疑你说的是否真实，也许只是为了讨好他，才不断地赞美他。如果没有限度地一直夸赞某个人，只会让对方觉得你很虚伪，甚至，对方还会怀疑你是不是抱有不好的目的来接近他。

批评本来就是一件让人不愉快的事情，如果一个人做错了事情，你说两三句，对方意识到自己的错误，就可能虚心接受。但是，如果你一直揪着这个错误不放，长篇大论地训斥对方。对方就会产生逆反心理，心中会想：“你有什么资格教训我呢?”

孔子说“辞达而已矣”，就是“只要把意思表达清楚就可以了”。每个人都有足够的理解力，你并不需要将话说得太过直白，给对方留一点想象的余地，有时候效果会更好。

说话点到为止，感情才能够传递得恰到好处，这能够体现彼此之间那种难得的默契。比如，国画会十分注意留白，目的就是要给人留下想象的空间，让观者自行去体会其中的意味。说话的时候学会留白，点到为止，才能够保持愉快的谈话氛围，不让别人陷入尴尬之中。

很多人在遇到难题时，会“神经质”地翻来覆去地念叨。向别人寻求帮助之后，出于担心，也会在对方的耳边不断地重复自己的要求。但是有时候，重复太多遍，对于解决问题没有任何的帮助，只会让别人不耐烦。尤其是在劝说别人的时候，也许你是出于好意，但是如果说得太深，犯了别人的忌讳，很容易让彼此的感情产生裂痕。

在电视剧《三国演义》中，有这样一个情节：

曹操对于曹丕很是失望，想要另立非常有才华的曹植为太子。但是，这是一件足以动摇国本的大事，曹操一时拿不定主意。

于是，他召来谋士贾诩，询问他对此事的意见。贾诩听了之后，一直保持沉默。

曹操问道：“你为什么不说话?”

贾诩：“主公，我正在思考一件事。”

曹操继续问道：“什么事?”

贾诩严肃地回道:“我在思考当年袁绍、刘表废长立幼的事情。”

曹操听完，哈哈大笑，从此再不提另立太子之事。

很多人认为，想要说服别人，必须要长篇大论。其实，说话是否有魅力，并不在于说得多还是少，而是言辞是否足够恳切，能有理有据地表达自己的观点。大道理谁都懂，并不需要过多地讲述。

鲁迅曾说过：“无端地空耗别人的时间无异于谋财害命。”情商高的人，在与人交谈时，会遵循准确、清楚的原则，把握说话的分寸，不会引起别人的不耐烦。其实，在语言的实际运用中，话实在不必说得太满、太实、太死。平时跟别人交流，要懂得恰到好处、点到为止的道理。

说话要留有余地

“这件事情，你肯定做不成，还是放弃吧。”

“这个男的根本不喜欢你，你还是别浪费自己的感情了。”

“这件事情，我完全能够自己完成，肯定不会需要你的帮助。”

……

生活中，很多人说话的时候，都喜欢说得太绝对。结果，没过一会儿就会被“打脸”，让自己陷入尴尬之中。

周维在公司里已经干了五年了，业务能力很强，很受上司的器重。近期，上司有提拔他为项目主管的意愿。

有一天，因为一件小事，周维和一位同事吵了起来。其实平时两人关系还不错，分别退让一步，事情也就过去了。但是，周维不依不饶，根本不接受对方的道歉，还语气强硬地说道：“我告诉你，这个事情没完，等我当上主管，你就等着走人吧。”

结果，两个人吵架的过程恰好被周维的上司看见了。在最后的考核中，上司认为周维没有团结同事的能力，难当大任，提拔了另一位业绩同样突出的员工当主管。

得知结果的周维顿时傻眼了，前几天和同事闹得太僵，而且话已经说出去了，他怎么还能厚着脸皮继续留下来呢？

于是，周维只好选择辞职，离开了辛苦打拼了五年的地方。

汉语中有一个成语叫“物极必反”，意思就是说，一件事情如果做得太绝对，往往会得到相反的结果，正所谓：“行不可至极处，至极则无路可续行；言不可称绝对，称绝对则无理可续言。”情商高的人，说话从来不会太绝对，因为他们懂得，如果说话过于绝对，就意味着不给自己和别人留有余地。这样的行为，最后得到的结果就是断绝了自己的后路。

不管什么时候，人们都必须为自己说出去的话负责。即使和别人发生了争执，也一定要保持头脑冷静，保证自己说的话或者做出的决定都是建立在理智的基础上。无论你多么着急上火，都要明白一个道理，说出去的话就如泼出去的水，即使后悔也收不回来。

在你得势的时候，说话太绝，对方即使心中不舒服，但碍于你的权势，也可能选择隐忍下来。但是，世事难料，你无法保证自己永远得势。当你失势的时候，对方很可能就会借此机会来报复你。这样，彼此的关系就会越来越紧张，甚至引发冲突。

一个人说话绝对，就会显得咄咄逼人。没有人会喜欢和咄咄逼人的人相处，如果你说话咄咄逼人，就会让周围的人认为你没有风度，觉得你心胸狭窄成不了大事，从而失去对你的好感。

在职场上，更是忌讳说话绝对。正所谓“人情留一线，日后好相见”，和同事相处的时候，如果你在生气时说一些“狠话”，也许能够爽快一时，但却为日后和同事的相处埋下了隐患。

即使你站在有利的一面，也要在言语之间表现出自己热情的关怀和安慰。这样，不仅会让对手对心存感激，也会让他们因为你宽广的胸怀而加深对你的好感，从而更加愿意和你交往。长此以往，你的人缘就会越来越好。

很多人认为，说话绝对能够突出自己见识高明。其实并非如此。说话太绝对只会显得你情商低，做事情死板；同时，也会显露出你的见识比较浅薄，无法对事情进行整体分析。遇到这样的人，人们只会选择远离，因为，如果听取他的建议，很可能就会让事情朝着越来越糟糕的方向发展。

张震的公司新开不久，却总是被同行的一家公司打压。

后来，经过张震的努力，公司的生意越来越好，同行因为资金链断裂而几近崩盘。一时间很多人向张震提出趁火打劫的提议，让张震就此就趁势收购同行的部分资产。

张震却摇摇头说："这次对方的公司因为内部原因发生了动荡，确实很不幸。但是这不代表对方没有实力，我相信凭借他们的能力，公司东山再起也是指日可待的事情。"

同行听到张震的话，心里也为之前的行为愧疚。后来，同行的那家公司果然东山再起了，但是他们再也没有针对张震的公司，甚至在张震的公司资金链连续几次出现问题的时候，都伸出了援助之手。

总而言之，情商高的人，与他人相处时，不会把话说绝。这样不仅自己多了条后路，而且还能够获得周围人的好感。如果你想提高自己的情商，就可以这样做。此外，如果你能够做到鼓励对手，很可能会与对手成为朋友，一起进步和成长，从而获得双赢。

恰到好处的赞美，才显得真诚

每个人都喜欢听好话，当被人赞美的时候，他的心情就会变得高兴。但是，赞美的话并不是越多越好，你说一句对方高兴，两句对方开心，三句对方欣然接受，四句、五句……对方心中就会想：“他故意这样说，是不是在讽刺我？”

赞美是一件让人觉得美好的事情，但是一定要适度，并且是真诚的，恰到好处的赞美才能够给别人带来愉悦的感觉。

有一次，一个销售员来到一家花店推销包装纸，刚进门就看到老板正坐在那里看着一本畅销书。

销售员：“你好！请问你需要新的包装纸吗？咦？你也在看这本当今市面上最畅销的书呀！我也很爱看这本书。”

“对，这本书写得太棒了，简直就是一本社会大学的教材。”老板说。

销售员赞美道：“你说得不错，一个人具备什么样的心态和智慧，决定了他有什么水平的认识。你一定读过很多书吧?”

老板：“我没有上过大学，但我个人认为，从社会上学到的东西通常要比课本多得多。”

销售员点点头，似乎想起什么来，说道:“你说得太对了！你看着这么年轻，已经拥有自己的花店，已经非常厉害了。你有20岁吗?”

老板：“我22岁。”

说到这里，老板已经有些不耐烦了，但是销售员并没有停下：“这个店一看就开了很久了，那么你很小就当老板了?”

老板：“的确有几年了，我18岁就开了这家店。”

销售员越说越兴奋：“哎呀，你看你这么年轻就开了一家如此精致的店，以后还会继续扩大，你的确是了不起!”

……

就这样没完没了地赞美，话题也越扯越远了，最后老板不耐烦地赶人：“抱歉，我这里还有事情，不方便招待你了。”

销售员还没有说出自己的真正目的，就被请了出去。

生活中，人们大都有这样一个常识：“一个气球吹得太小，会不好看；吹得太大，很可能会吹破。”赞美别人同样如此。你赞美对方一句，可能根本引不起对方的注意力。但是，如果你一连串地用赞美轰炸对方，恐怕对方只会产生逃跑的想法。

这就像是吃甜品，如果仅仅是一小口的分量，可能还没有品尝出滋味就没有了，虽然美味，但是留有遗憾。如果是大大的一整个，直到他吃撑吃腻。这个时候他一点儿都不会觉得这个甜品好吃，只会一边努力忍着想吐的感觉一边心想，“这辈子再也不吃了”。

让人舒适的赞美就像是分量恰到好处的甜品，既能够给味蕾带来甜美的满足感，让心情保持愉悦，又不会超过限度，一次就吃腻，正所谓："美酒饮到微醉后，好花看到半开时。"不管做什么事情都需要掌握好分寸，才能够达到最佳的状态。赞美别人的时候，更需要如此。

即使你是真心实意想要赞美对方，如果缺乏赞美的技巧，滔滔不绝，也只会给对方带来不好的体验。如果你想要成为一个善于赞美的人，就要懂得在赞美时控制好火候，将分寸拿捏得当，张弛有度，收放自如，才会让对方感到舒服。赞美得多了，会使赞美失去新鲜感，甚至使对方反感。孔子说过"过犹不及"，凡事都应该有个度，超出了那个度，效果就会适得其反。

除此之外，赞美别人的时候，如果想要让对方高兴，那么不妨将赞美具体化。比如，找到对方的优点进行赞美，或者肯定对方的劳动成果等。

法国前总统戴高乐访美的时候，去参加尼克松特意为他举办的宴会。尼克松夫人为这次宴会精心布置了一个漂亮的鲜花展台——一张马蹄形的桌子，放置着鲜艳欲滴的热带花朵，在花朵中央有一个喷泉。

戴高乐从装扮上就能看出尼克松夫人为了迎接他花了很多心思，他无比诚恳地说："女主人真是太用心了，这么漂亮的布置得花费你多少时间和精力啊！"

尼克松夫人听后，满脸的喜悦之情，戴高乐的赞美让她非常满意和高兴。事后，她说："大多数来访的大人物要么注意不到这样的事，要么不屑为此向女主人道谢，而他却不同，总是能想到和讲到别人。"

情商高的人，在赞美别人时会巧妙地运用语言技巧，既能获得别人的认同，话又能说得悦耳动听。同样，你也可以运用这样的语言技巧，比如下面四个：

（1）可以具体赞美别人得意的事情。

当我们听到或看到别人有得意之事时，接过话题顺势赞美一番，及时表达自己的欣赏之意，就可以满足对方的心愿。比如，赞美对方事业有成、家庭幸福或者赞美对方身份的独特含义……

（2）及时指出别人的变化。

如果对方有了细微的变化，我们能够发现并指出来，其中暗含的意思就是："你在我心中很重要，我时刻关注你的变化。"如果对方身上发生的是美好的变化，其内心深处就会特别希望别人能够注意到，这个时候我们便可以尽情地赞美对方。

（3）记住他人特别的信息并进行赞美。

人生中辉煌的时刻并不多，但这些短暂的瞬间往往是人生成功的重要见证。如果你能记住并赞美这些辉煌的事情，就等于赞美了他的整个人生。这些特殊的值得纪念的日子或事件包括：生日、毕业日、升学日、结婚纪念日、升职、获奖、做过的善事……在恰当的时机，给出真诚的祝福，将会让对方喜出望外。

（4）细心发现他人独特的优点并赞美。

明显的优点，大家都会赞美。如果我们也赞美，虽有一定的效果，但不大。如果你赞美对方不易被人发现的优点，对方一定会喜出望外。

莎士比亚曾说过："赞美是照在人身上的阳光，没有阳光我们就不能生长。"在社交场合多赞美别人，让别人觉得幸福，你就能收获友情。当然，在赞美别人的时候，一定要抛弃那些假大空的赞美之词，不要敷衍，这样别人才会乐意去享受赞美。

伤心的事，别见人就说

“我真傻，真的，我单知道下雪的时候野兽在山坳里没有食吃，会到村里来……手上还紧紧的捏着那只小篮呢……”这是鲁迅先生写的《祝福》一文中，祥林嫂的孩子去世之后，她对主人公说的话。后来，每次见到别人，她就会重复一遍。一开始，大家都对她抱有同情，但是祥林嫂说得次数多了之后，很多人便将其当作一个笑话，并且每次听到都觉得非常不耐烦。

有的人遇到伤心事的时候，都喜欢向别人倾诉，以此来获得对方的安慰或者是帮助。但是，一件事情翻来覆去地说，会破坏对方的心情，甚至让他们产生厌恶的心理。

张璐璐最近和男朋友吵架，最后导致分手了。她非常伤心，不过还好有朋友陪伴她。有一天半夜，张璐璐又想到前男友，她的心中很是痛苦，于是打电话给朋友寻求安慰。

张璐璐一边哭一边对朋友说："他真的是太过分了，这样一点儿小事都不能顺着，还要和我分手。他根本就不爱我，这么多年的感情说放下就放下……"

电话那边的朋友看了看表，已经半夜一点多了，被从睡梦中吵醒她很是生气，一边打着哈欠一边说道："那要不然你就回去找他复合吧。"

"那怎么可以，那样岂不是我就认输了？"张璐璐气愤地说道。

"好吧，你随意，我明天还要上班，先挂了。"说完，朋友便挂了电话继续睡觉了。

张璐璐很是生气，于是给另外一个朋友打电话，想要寻求安慰，结果另外一个朋友同样也不想听："你这些话已经翻来覆去说了无数遍了，我们都知道他对不起你，但是现在是半夜，你能不能放过我呀。"说完，便挂了电话。

张璐璐很是生气，认为朋友一点儿都不讲义气，她都这样伤心了都不能听她倾诉一下。

很多时候，伤心的事情都带有消极、悲剧的色彩。这样的事情，也许你第一次听到的时候，会非常同情对方。但是，当听的次数多了之后，这种消极的事情就会非常影响人们的心情。俗话说："快乐的事情与别人分享，快乐就会变成双倍；痛苦的事情与别人分享，痛苦就会变成一半。"

这就是说，当你向别人倾诉伤心的事情时，会将痛苦的情绪传染给对方，让别人承担你的痛苦。但是，没有人有义务承担你的不幸。出于朋友的情谊，他可以在你第一次倾诉的时候，安慰你，但是他没有义务，在以后的日子里，反复地听你诉说不幸的事情来破坏自己的心情。

很多人在向别人倾诉不幸的事情时，常常是抱着发泄自己不满情绪的目的，而很多时候，坏情绪具有传染的特性。当别人意识到你的事情会对他的生活造成不利影响之后，就会将你拒绝在他的交际圈子之外。

事实上，经常向别人倾诉不幸的事情，最大的目的就是为了从对方那里获得帮助，让别人帮助你渡过难关。当你形成习惯之后，对于个人能力的提高没有任何的益处。困难挫折有时候并不是一件坏事情，当你战胜它们后，就会发现个人能力有了质的提高。如果遇到了困难，你就想要麻烦别人，就会给对方留下一个“无能、麻烦”的坏印象。没有人会喜欢和这样的人交往。

所以，当你遇到伤心事的时候，不要总是想着去依赖别人，想办法去勇敢地战胜它，才是你要做的第一件也是最重要的事情。

2018 年，简直是李文熙的霉运之年。这一年，相恋四年的男朋友爱上了别人，和她分手了；爸爸被查出患了肝癌，面临着巨额的医疗费用；工作的时候，团队的同事某个地方出现了失误，给公司造成了重大的经济损失，整个团队都被开除了，她失去了重要的经济来源。

一连串的坏事情几乎将她打垮。但是，从她脸上完全看不到痛苦的神色。她在朋友圈中晒的永远是散发着正能量的事情。

2018 年过去了，李文熙走出了失恋的阴影，努力提升自己；她找到了新的工作，工资比原先高出一倍；爸爸的病查出来是早期，完全有治愈的可能。她依然每天都是光彩照人的样子。后来朋友知道了她的事情，纷纷安慰她，并且问她为什么不告诉他们，他们也可以帮忙。

李文熙微笑着说：“心中的苦，没必要逢人就说。若不是身在其中，何来感同身受？每个人都有烦心的事，就算和别人说了问题也得不到解决。毕竟，没有谁能代替你去受苦，说多了只会给别人添堵。自己的事情还需要自己扛。”

无休止地倾诉，其实并不能从根本上解决问题，反而会让一个人的性格变得越来越软弱。情商高的人，遇到伤心事，会第一时间去寻找解决的办法，而不是向别人倾诉。所以，与人交往的时候，不要总是向别人吐苦水，这样只会招致别人的厌烦。

不贬低别人是一种美德

周末，和朋友一起去逛街，朋友问：“这件衣服好看吗?”你说：“好看，不过不适合你，如果穿在我身上就能完全展现出它的气质。”朋友没有说话，默默放下衣服走了出去。

类似这样的对话我们经常能听到。很多人都希望自己展现在众人面前的模样是非常美好、厉害的，为了达到这一目的，他们经常通过贬低别人，来证明自己很厉害。但是，这样的行为往往会伤害到别人，显得你情商非常低。

前几天，赵立的手机坏了，在网上挑选了很久才选定了便宜且性价比高的小米8。第二天拿到手机之后，他满心欢喜地拆开，恰好被同事郑亮看到。

郑亮："哟，换新手机啦。"

赵立："对呀，之前的手机不是坏了吗，正好现在……"

还没等赵立说完，郑亮接着说道："哎呀，你买的是小米8啊。现在小米9都出来了，你竟然还买小米8。你不觉得这个刘海屏看着很难受吗？我这个人就喜欢用最新的，前几天刚给我媳妇买了XS，之前的苹果7放在那里没人用，你要是再想换手机和我说，免费送给你。哎呀，要说现在人家都买新产品，你却正好相反，真是有意思。"

一番话将赵立刚拿到手机的喜悦浇灭了，情绪低落地将手机收了起来。

有的人认为自己在每个方面都很出色，总是喜欢对别人的事情指手画脚。他们高高在上地审视对方，挖苦对方，并且认为自己是为了对方好。其实，这只是他们通过贬低别人来获得优越感和自我满足感的一种表现。

这种贬低他人的行为，会给他们造成一种错觉：我比别人厉害。比如，在日剧《总觉得邻家更幸福》中，男女主角有一次参加小区聚会，邻居知道女主角还没有孩子，便说："所有女性的共同愿望，不就是生一个可爱的孩子吗？"因为邻居有了自己的小孩，所以在女主角反驳的时候继续说："女人只有在有了自己的孩子之后，才算是一个真正的女人！"

因为别人没有某样事物而予以贬低，能够给她带来一种优越感。这种优越感，会让人上瘾，很多人会陷入贬低别人所带来的快感之中。但是，与人交往，是建立在彼此都愉悦的基础上，没有人会喜欢和一个处处贬低自己的人交往。总是喜欢贬低他人的人，不会让别人觉得有多厉害，只会让别人觉得他情商低，而不喜欢与之交往。最终，你便会成为孤家寡人。

很多时候，贬低别人并不能抬高自己。比如说，别人夸赞你的衣服真好看，你不但不说谢谢，还一副理所应当的样子说道："那当然，我长得这么帅，穿什么衣服都好看。你长得不行，穿着肯定很难看。"一边抬高自己，一边贬低对方。对方不会真的认为你特别优秀，只会觉得你不会说话。

别人赞美你一句，你就回一句赞美，夸的人高兴，听的人舒服，两个人“礼尚往来”，既抬高了对方，又不贬低自己。

有的人贬低他人，可能只是为了获得别人的注意。比如说，当有个人做某件事情成功的时候，他们不但不会祝贺对方，反而会说：“这没有什么了不起的，如果是换做我，肯定会做得更好。”这确实会引起他人的注意，但是从坏的一面讲，这是给别人泼冷水。这么做不但不会获得他人的好感，反而会让对方厌恶你。

有时候，越是喜欢贬低别人的人，内心越是自卑和不自信。因为某一方面的不足，他需要通过别人来自我安慰。比如，他做某一件事情失败了，不会去反省自己的错误，而是嘲笑同样失败的人，以此来证明：并不是我无能，而是事情太难。但是，每次失败都为自己找借口，问题始终得不到解决，十分不利于自身能力的提高。

不贬低他人，是一种美德。情商高的人，从来不会随意贬低他人。尤其是那些成功人士，更善于发现别人的优点和长处，并且尽可能地去激发别人的优点和长处，让每个人的潜力都能发挥出来。他们内心强大，不需要通过贬低他人来获得优越感。

有一次，黄渤去参加一个综艺节目。在做游戏的时候，一个年轻的明星对着黄渤说：“有没有人说你长得好难看，没有一点明星的气质。”

一旁的主持人听到这句话，脸都变黑了，没想到有人会在节目上说出这么没有素质的话。正当他想着怎么解救黄渤的时候，却见黄渤不慌不忙地说道：“你是哪位？我怎么没印象？难道现在的现场工作人员都需要这么高的颜值了吗？

有时候，即使你被别人贬低了也不需要以贬低对方回敬。因为越是贬低对方，越会让你处于下风。真正的强者，从来不屑于贬低别人。他们在受到攻击的时候，会选择明面赞美，实际上嘲笑对方的方式来回击，用幽默将尴尬和冲突化于无形。

情商高的人不会通过贬低他人提高自己，同样地，也不会贬低自己去抬高他人。别人刁难你时，如果你一味地贬低自己抬高他人，只会让对方认为你软弱可欺。他们不会适可而止，反而会不断地去试探你的底线，将坏情绪发泄在你的身上。

第四章

换个表达方式，沟通难题瞬间化解

委婉地指出别人的错误

在社交场合，经常会有人“宽以待己，严以待人”。如果自己犯错了，便找各种借口开脱。一旦发现别人犯错，便急不可耐地在公众场合指出，以显示自己的高明。甚至，为了让对方意识到错误，他们往往会用严厉的口气来指责对方，试图让自己变得更加威风。

但是，这样的行为，无疑会让别人陷入尴尬的境地。当对方下不来台的时候，心中就会记恨你，找到机会就会报复你。

赵立峰最近心情很是郁闷，工作都提不起干劲儿来。事情的起因是这样的：

上周，他做了一份有关“公司未来发展方向预测”的方案。他认为自己做得非常好，满怀信心地交了上去。

但是，在周一公司例会的时候，老板非常生气地将他做的企划案扔到了桌子上，说道："这份企划案真是让我大开眼界！赵立峰，你说说你是怎么想的，公司花钱难道就是让你来做这么'白痴'的方案吗？"

赵立峰听到老板这么犀利地指责他，当场就蒙了。

老板接着说道："你们都好好看看，以此为戒。如果有人再敢上交这样的企划案，就马上收拾东西走人！"说完，老板就气冲冲地走了。

赵立峰站在那里，面红耳赤地承受着同事们异样的眼光。从此之后，想到那天老板毫不留情的斥骂，赵立峰心情就很郁闷，甚至连同事笑一下，他都觉得是在嘲笑他。

他心想：自己可能真的无法胜任这份工作，辞职算了。

当众被别人指出错误，其实是一件非常让人不愉快的事情。每个人都十分在乎自己在别人面前的形象，一旦有人破坏了他们的形象，就会像触碰了对方的逆鳞一般，引来对方的反感。

生活中，很多人在发现别人的错误之后，习惯性地去指责对方，在公众场合纠正对方的缺点，并且，他们还会打着为对方好的旗号，希望获得他人的感激。这其实是一种情商非常低的行为。没有谁会喜欢当众出丑，更不会喜欢和踩自己面子的人交往。

尤其是，当你言辞激烈地指出别人的错误之后，不但不会获得对方的感激，而且非常容易引起争端。对方认为你是故意在找茬，为了保住自己的面子，于是就会和你针锋相对起来。最后，以两败俱伤、不欢而散收尾。

马云曾经说过："那些私下忠告我们，指出我们错误的人，才是真正的朋友。"不当众给别人难堪，才是真正的高情商。很多时候，我们判断一个人会不会说话的标准之一就是：是否能够顾及别人的感受。情商高的人，发现别人的错误时能够用委婉的方式告诉对方，保住他人面子的同时，让对方感受到你是真心为他着想，然后心悦诚服地接受你的建议。

有一位名人曾经说过："这个世界上最愚蠢的事情之一，就是当面指责别人，除了引发对方的愤怒和怨恨，不会有其他。"每个人在潜意识中都喜欢自我认同，一旦被别人怀疑或者否定之后，他就会产生焦虑感，认为自己的尊严受到了侵害，甚至会非常没有安全感。会说话的人，不会做这种损人不利己的事情。因为他们懂得，每个人都是独立的个体，他们并没有资格对别人指手画脚。

正如小说《了不起的盖茨比》中所说的，"父亲在我年纪还轻，阅历不深的时候教导我一句话：'每逢你想要批评任何人的时候，你就要记住，这世上所有的人，并不是个个都有过你拥有的那些优越条件'"。

每个人对于他人指责的感受和承受能力都不相同，也许你觉得你的指责是为他人好并且他人完全可以承受，但往往会因为超出了对方的承受能力，让对方崩溃。所以，当你想要让别人意识到错误的时候，一定要和风细雨或者委婉地提出自己的看法，这样才能够让对方更容易接受。

有一位老板在视察工厂的时候，看见几个工人正围在一起抽烟。这是一件非常危险的事情，工厂里面都是一些易燃易爆的物品，一不小心就可能引发爆炸。

老板非常恼火，他想要走过去严厉地批评他们，然后将"禁止吸烟"的条例指给他们看，并罚他们一大笔钱。但是，这位老板忽然又停了下来。

他想："这样当众严厉地批评他们，或许并不能够取得最好的效果。万一他们恼羞成怒，故意报复我就得不偿失了。"

于是，这位老板决定委婉地提醒那些工人。他走过去，对工人说道："嘿，伙计们，不如我们到外面一起享受抽烟的快乐吧。"

那几个工人听到老板的话，很是羞愧。他们明白这是老板委婉的批评，并且给他们留了面子。于是，他们立即把烟掐灭，并对老板承认错误：“对不起老板，我们忘了公司的规定了，请您原谅。”然后他们重新回到工作岗位上，开始工作。从这以后，他们再也没有在工厂里面抽过烟，而且见到有别的工人抽烟，他们也会立刻去制止。

在人际交往中，能够发现别人的错误，其实是拉近彼此关系的一个契机，只要你能够利用得好，就能够收获对方的友谊。但是，在这个过程中一定要注意采取委婉的方式，不能让对方感觉到尴尬。

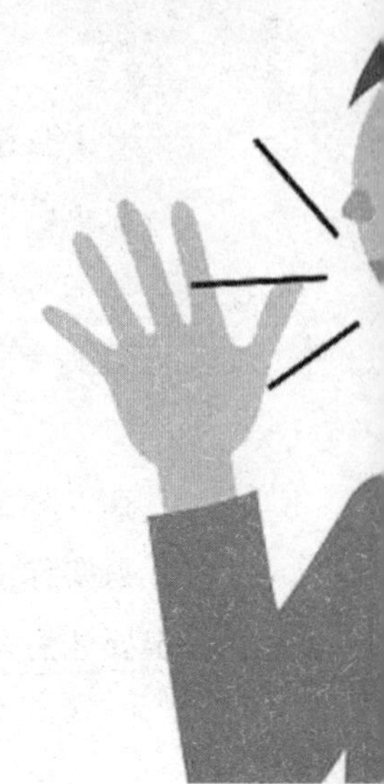

别再说“我这个人说话比较直”了

生活中，很多人说了伤害别人的话之后，紧跟着一句“我这个人说话比较直”，认为这样就能够掩盖他们不尊重别人、口无遮拦的事实。很多时候，当人们习惯了将“我这个人说话比较直”当成自己的保护伞之后，就容易成为一个低情商的人。

有一个演员，长得并不好看，但是凭借自己的努力和演技，获得了专业人士和观众们的认可。

有一次，他去上节目。主持人忽然问他：“哎，今天怎么没有穿裙子呢？”

演员听了有些生气，但是在节目上又不好意思发火。

接着，主持人忽然哈哈大笑起来，一边笑一边说：“不好意思，我就是觉得你的长相如果穿了裙子肯定很搞笑。哈哈，我这个人说话比较直你别介意哈。”

演员听了之后，面带微笑地说道：“我怕今天我穿了，和你撞衫！”

蔡康永曾写过这样一段话：“做自己跟没礼貌常常就是一线之间，每次听到别人说‘我这个人说话就是比较直’，我就开始冒汗，因为接下来一定会有一些被他归类为‘直’，但其实挺刺耳的话出现。例如：‘你最近胖啰？’‘怎么还不结婚？’‘你记得我吗？’”

“我这个人说话比较直”从本意上理解就是，说话之人其实明白自己说的话并不好听，但是出于某种目的，故意将这些不好听的话说出来，并且为了不被对方记恨，最后用一句话轻描淡写地推脱。

有的人，将这种肆意的调侃当作幽默，如果一旦对方生气，便理直气壮地质问对方：“我只不过是开个玩笑，这么认真做什么？”但是，幽默并不等于毒舌。你将自己的快乐建立在别人的痛苦之上，不仅没有素质，而且情商极低。

《菜根谭》中说：“使人有面前之誉，不若使其无背后之毁；使人有乍交之欢，不若使其无久处之厌。”意思是说，一个人与他人交往时，说话做事要把握分寸，不要随意调侃评价别人。只有这样，才能在初见面时获得他人好感，长久相处之后感情加深，而不是被人厌恶。

弗洛伊德说过：“没有所谓玩笑，所有的玩笑都有着认真的成分。”你那些自以为是的幽默，很可能会揭开别人的伤疤，并且在上面撒上一层盐；你那些不以为意的调侃，很可能是压垮对方的最后一根稻草。

情商高的人，从来不会打着“直爽”的旗号，去肆意调侃他人。说话不需要直言不讳，更不需要阿谀逢迎。最重要的是，你要懂得尊重他人。那些喜欢以他人伤心事或者缺点为调侃材料，并且标榜自己“说话直”的人，心中根本不懂得尊重别人。这样的人，从骨子里透露出傲慢。因为对自己看得过高，就失去了对自己的克制和对他人的尊重。和这样的人相处，是一种压抑、不愉快的体验。因此，我们可以发现，这样的人在生活中人缘往往都不会好。

会说话的人，既能够用恰当的幽默给人快乐，又能够照顾别人的感受，不会损害对方的面子。和这样的人相处，你会觉得快乐。在这种快乐情绪带动下，聊天氛围就会变得越来越好，别人也会越来越喜欢你。长此以往，你的交际圈子就会不断扩展。

有一次，在何炅主持的节目上，有一个年轻人说道："何老师，我真的十分喜欢你。我是一个喜欢说真话的人，在湖南卫视的主持人中，我只认识你，不认识汪涵，你才是湖南卫视的一哥。"

何炅听了有些尴尬，但是并没有生气，他微笑着说："为什么要争一哥、二哥呢？台里又不给我涨薪水。"

接着他又说道："我这个人说话也比较直，你如果没有上过汪涵老师的节目，那肯定是因为你不红，因为红的人，都要上他的节目。"

后来，汪涵知道了"一哥争论"之后，也笑着说："何老师是一哥的时候，我是一休哥。后来因为年纪大的原因，何老师是一哥，我是大哥。"

会说话的人，人缘通常都不会太差。因为你说话有分寸，才能够在与他人交往的时候占据有利位置，在第一时间获得他人的好感。如果你习惯了随意调侃他人，也许能够痛快一时，但是别人受到伤害之后，就会远离你。这是一件得不偿失的事情。因此，在社交场合，你千万不要因为"我这个人说话比较直"这句话，而失去了分寸。

当然，如果有人肆无忌惮地调侃你，那你也不需要默默忍受。"以其人之道，还治其人之身"，你也可以用同样的"幽默"反击对方。

公开表扬，私下批评

受到批评，人们通常不会高兴。如果这件事情是发生在大庭广众之下，那么被批评的人就会更加羞愤难当。

在职场上，员工工作上出现了失误，他的上司通常都会私下予以批评。因为上司当着众多员工的面，言辞激烈地批评员工，那么，原本很小的一件事情也可能引发很严重的后果。

在球坛上，球员和教练反目成仇的事情有很多。教练菲尔·杰克逊和球员安东尼之间，就曾经有过激烈的矛盾。

安东尼是一名非常有天赋的篮球运动员，但是为人傲慢、自我。在比赛的时候经常会不注意团队合作，导致球队进攻停滞，进而输掉比赛。

菲尔·杰克逊对此十分不满，因此，他在公众场合多次抨击安东尼是球霸。

有一次，有记者采访安东尼，提到他最近与菲尔·杰克逊的关系。安东尼说："如果他能够私下里找我说，不管什么样的批评我都能接受。但是，他却在公共场合公开指责，这让我很难接受。"

后来，针对菲尔·杰克逊的这一行为，安东尼还在自己的社交网站上写下了这样一段话："自负（ego）是毁掉人际关系的罪魁祸首。所以，要做一个心胸宽广的人。扔掉 e，只留下 go，让我们一起加油。"

在公众场合批评指责他人，非常容易让他人产生负面情绪。很多时候，在明知自己错误的情况下，如果被人当众"打脸"，他们就会拒绝接受。人，是一种自尊心非常强的生物。如果有人伤害了他们的自尊心，往往会激起他们的逆反心理，从而对他人产生敌意。

生活中，我们常说："公开表扬，私下批评。"意思就是说当一个人做了好事，要在公开的场合表扬他，这样才能更好地给他鼓励。而当一个人做错了事情，最好是在私下只有你们两个人的时候再批评他，这样给他留足面子，他才能更好地接受批评，改正错误。

如果你是一家公司的老板，看到自己的员工不好好工作，反而聚在一起聊天；交上的策划案漏洞重重，从而丢了一个客户……在愤怒恼火之下，你做的第一件事情就是去批评他们。甚至，为了维护公司的利益和你的威严，你会选择立即批评对方，力求让对方意识到自己的错误。并且，你会认为这样做还能够起到"杀鸡儆猴"的作用，让其他员工也以此为戒。

但是，这样的行为，无疑会严重打击员工的积极性。甚至，因为员工在众人面前失了面子，表面上承认错误，心中难免因为不忿而记恨老板，找到机会便会报复回去。

有一位成功的商人，曾经在访谈中谈及自己经商的时候做过的最后悔的事情："在创业初期，我曾在全公司人的面前，批评了一位犯了错的优秀员工。本来我觉得自己没有错，有错本来就要批评，但是当我看到他因为其他人嘲笑的目光变得狼狈和难堪的时候，我心想，自己怎么能做这么残忍的事情？"

情商高的人，即使在批评别人的时候依然会考虑到对方的感受。为了给他人留住面子，他们会选择在私下里进行批评，并且在批评的时候，注意用词。这样既能够解决问题，又照顾到他人的自尊心。

新东方的创始人俞敏洪曾说过："不管你多么地生气，都尽量忍住，不要在公开的场合过度批评自己的员工。这样会让对方很没有面子，对于工作的积极性反而起不到什么正面的作用，反而还可能让别人对你产生抵触。"

他在开创公司的时候，遇到类似的问题通常是这样解决的："我会将犯错的员工叫到自己办公室，直接告诉他自己哪里不满意。这种情况下大家都能接受，甚至还会感谢我没有在大会上对他提出批评，而是私下进行了沟通。"

菲林开的超市最近生意越来越惨淡，几乎面临破产。一番调查之后，菲林发现问题出在售货员身上。

很多售货员在上班的时候，常常不在岗位上。有顾客产生了疑问，却没有售货员能够及时解答，最后不得不放弃购买商品。菲林很是生气，他想了很多办法，情况依然没有得到改善。正当他愁容满面的时候，事情出现了转机。

有一天，他去超市"微服私访"，看到一位女顾客站在商品前面打量了很长的时间，但是没有一个售货员上前提供服务。菲林找了一圈，发现负责那个区域的售货员都聚在一起聊天。

售货员看到老板来了，吓得脸都白了。菲林制止了身边的经理对售货员的责骂，反而快步走到那位女顾客面前，微笑着询问她需要什么帮助，十分耐心地解决了女顾客的问题，并把女顾客选中的商品交给售货员打包。

然后，他对着售货员说道："看，一场完美的服务。"然后就走了。在这之后，他也并没有开除那几个售货员。售货员也因为菲林的话感到羞愧，并且感谢他不但没有开除她们，还在众人面前给她们留了面子，因此工作更加努力了。从此以后，超市的服务质量不断提升，生意也越来越好。

不在公众场合批评别人，是一个人情商高的表现。一个会说话的人，能够让批评变成一件对自己对他人都有益处的事情。他们懂得在什么样的场合说什么样的话，擅长利用人心，为自己创造出一个否定或批评别人的良好时机。

拒绝别人时要顾及别人的自尊

生活中，拒绝别人是一件无可避免的事情。但是，不同的拒绝方式，会导致不同的结果。比如，朋友想要请你吃饭，你直接说不去，连个解释都没有转身就走，丝毫不顾及别人的好意和尊严；朋友最近经济紧张，想要和你借一点钱用来周转，你一句“没有”，就像一巴掌狠狠地打在朋友的脸上；有人喜欢你，热烈地向你告白，你一句“长得这么丑，还敢说喜欢我”将对方的自尊放在脚下踩……

这样“心直口快”地拒绝，将别人的自尊放在地上踩，很容易暴露你的低情商。情商高的人能够将拒绝别人的话说得十分悦耳。

刘丽是一名HR，每天负责招聘各种岗位的人才。

有一次，公司需要招聘一位项目主管，有十位能力非常出色的人通过了面试，等候公司的最终决定。最终，他们从这十位候选人中选择了一位最合适的。

这个时候，刘丽就需要通知剩下的通过面试的候选人，“他们没有被录取”这个坏消息。她并不想得罪这些优秀的人才，因为他们可能会成为公司未来的客户。在这种情况下，刘丽给对方打电话，是这样说的：

“王宇先生，您好！我是刘丽，环宇公司的HR。我打电话是通知您，刚刚公司决定录取张显辉先生为项目主管。最近公司决定拓展海外的业务，张先生的国外从业经历成了雇用他的决定因素。但是，公司的领导对您印象非常深刻，并且非常高兴能够借此机会了解您，如果下次还有合适的机会，我们会第一时间联系您，您看可以吗？”

拒绝别人，无疑是一件既会让对方不开心，又会得罪对方的事情。毕竟人人都爱惜自己的面子，如果在别人面前丢失了面子，他们往往会恼羞成怒，可能做出让人意想不到的反击。

很多人在拒绝别人的时候，往往不会考虑对方的感受。甚至为了逞一时口舌之快，而说出一些瞧不起对方的话，比如，“这么简单的问题还要我来帮忙，自己好好想一想”，或者，“没看到我在忙嘛，真是一点儿眼力劲儿都没有，这么侮辱智商的问题我都不屑回答”……将别人的自尊踩在脚下，让彼此的感情产生裂痕。

在社交场合，拒绝是恶化彼此关系的元凶之一。当一个人在向别人提出请求时，都会比较敏感，一旦遭受了否定和拒绝，便会觉得自尊受伤。为了保护自己的面子，他们会对拒绝自己的人进行激烈的反抗，进而使事情朝着越发糟糕的方向发展。

如果你们恰好是朋友，或者同属一个圈子，不假辞色的拒绝，很可能会让你辛苦维护的形象毁于一旦。当你想要拒绝别人的时候，其实可以遵循下面两个原则：

一是说话要客气，语气温和。言语的冷漠给人带来的伤害是巨大的，冷冰冰的语气更是会浇灭对方热情的一盆冷水，什么样的友情也经不起几次三番冷漠的拒绝，所以在拒绝别人的时候，客气一点，温和一点，更能让人接受。

二是拒绝的理由要真实。谎言，在人际交往当中就像是一颗定时炸弹。或许你一开始的目的是好的，但当谎言被拆穿的时候，就会成为友情上的一道裂缝，导致别人再也不会相信你，最后造成彼此关系的破裂。

在人际交往中，即使是拒绝，也要懂得尊重对方。如果你不懂得尊重别人，那别人同样也不会尊重你。甚至，如果你不假辞色地拒绝别人，伤害了他的自尊心，让他记恨于心，那么，等到你需要帮助的时候，他不但不会伸出援手，甚至还会落井下石。

会说话的人，永远不会轻易得罪人。他们在拒绝别人时，讲究方法和技巧，即使说“不”也会顾及对方的面子，使对方免受伤害或陷入尴尬，更不会去故意伤害别人的自尊心。

“现在电话销售让人不胜其烦，你都不知道他从哪里知道了你的手机号码。”李圆气呼呼地还没等我说几句话便将手机挂断，“王姐，你说这些人是不是很烦人？”

王姐笑了笑说道：“以前我也是这么觉得的，直到有一次我做过一段很短时间的电话销售。电话刚接通，还没等我说完一句话，便被人挂断，那种自尊被人踩在地上的感觉，这辈子我都不想再体验。”

王姐顿了顿接着说道：“所以现在不管打电话找我卖房子还是卖保险的，虽然我不会买，但是我都会将对方的话听完，然后找一个合适的机会将自己的意思告诉他再挂断电话。这样虽然拒绝了对方，你温和的态度也不会让对方心中太难受。”

拒绝是把双刃剑，它能够帮助你回避不愿意做的事情，同样也能够给你人际关系泼上冷水。因此，你在拒绝别人的时候，可以向情商高的人学习技巧。同时，你的拒绝一定要经过深思熟虑，不要随便拒绝别人。这样，你才能在社交场合如鱼得水。

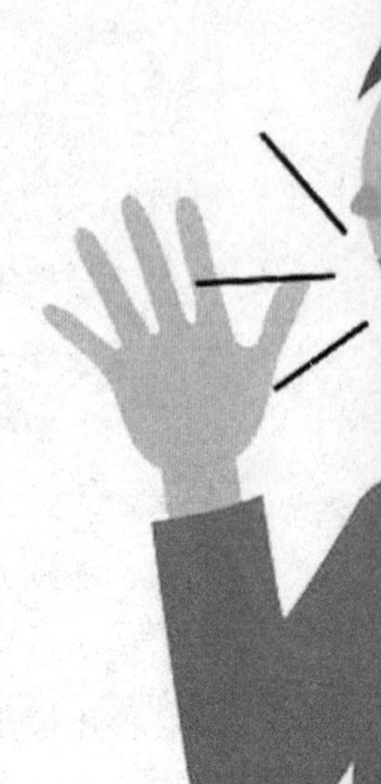

用暗示提醒别人的过错

在社交场合，很多人发现别人的错误之后，出于好意，会立刻指出来。但是，在指出错误之后，往往并不能够获得对方的感激，反而被埋怨一通。

因为，很多人在面对自己的错误时，第一时间想要做的是掩盖事实，不让更多人发现，而不是勇于承认。他们对于那些揭露自己错误，让自己陷入尴尬境地的人，也会抱有敌意。

难道发现了别人的错误，要视而不见吗？答案是否定的。我们可以向情商高的人学习，既能够指出别人的错误，又能够不伤到别人的面子。

有一家大企业的老板，聘请了一位年轻漂亮的女秘书协助他工作。但是，这位秘书非常让他失望。虽然她能力不错，而且长得很漂亮，但是总是忘事情，工作屡屡出问题。

有一次，老板几天后需要招待一个非常重要的客人，于是让女秘书做好备忘录，并且帮他在一家非常火的餐厅预定位子。但是，女秘书当时正忙着别的事情，把这件事情给忘记了。

到了宴请客人的那天，秘书才想起来自己忘了预定位子，幸好老板认识餐厅老板，才没有让事情变糟糕。但是，他意识到再这样下去可能会给公司造成更大的损失。

第二天，老板到了办公室，发现秘书穿了一件很漂亮的衣服，他便开始夸奖她的衣服很好看，完全将她的美丽展现了出来。女秘书听了简直受宠若惊，要知道老板一般很少夸人的，而且她昨天刚刚犯了错误。

接着，老板说道："我相信你的工作也会像你的人一样，能够做得非常漂亮。"

女秘书听完之后，很是羞愧。同时，也很感激老板没有辞退她。在以后的工作中，工作仔细多了，再也没有出现什么错误。

很多人在指出别人的错误时，习惯用"错了""这样说不对""不应该这样做"等生硬直白的话语，即使错误得到了改正，往往也会带来一些负面的效果，如：伤害到别人的自尊心、伤害了朋友间的感情或者伤害了员工工作的积极性等。

虽然你的出发点是为了对方好，不想看着对方误入歧途。但是，涵养再高的人，被人指责，心中也会难受。因此，我们需要高明的说话技巧，温和地指出错误，既不伤害对方的面子，又可以让对方意识到自己的错误。

暗示法，无疑给那些不懂得委婉的人打开了一扇新的大门。所谓的暗示法，便是对事物表达自己看法的时候，不是通过直说，而是借用别的话题让别人领悟自己的意思，并达到幽默的效果。

例如，今天你的夫人做菜做咸了，你直接说："今天的菜太难吃了，以后多用点心。”如此直白，非常伤人心，甚至你的夫人一气之下会说以后你自己解决吃饭问题。

但是如果你问一下：“亲爱的，家里还有盐吗？我还以为家里的盐都放进汤里了呢。”你的弦外之音便是想告诉妻子汤太咸，亲切又幽默，效果比质问好得多。同时，这样做更有利于家庭和谐。

情商高的人，在发现别人的错误之后，会以开玩笑的方式，和对方说点儿俏皮话，既能起到暗示对方、让对方认识到错误的效果，又不会因为犀利的言辞伤害到对方的自尊心。比如说，有一位作曲家在听别人的曲子时，不断地脱帽。有人疑惑，他便说：“我有见到熟人脱帽的习惯，在听刚刚的曲子时，我碰到了那么多的熟人，不得不连连脱帽。”这就是用“暗示”的方法，来告诉对方抄袭他人的作品是错误的，是对音乐的不尊重。

当然，在生活中并不是只有“影射”这一个方法可以用来暗示对方有错。很多时候，人们还可以采取更加温和的方法，让对方意识到错误，并且心悦诚服地接受你的建议。比如，你可以给对方示范正确的做法，让对方清楚地看到差别。这样既不会明显地去否定别人，维护对方的面子，又能够达到自己的目的。

玛丽夫人想要加盖房子，请了一个技术非常好的工人团队。一开始，工人们工作很努力，但是他们并不注意卫生，把院子弄得乱七八糟，而且木屑到处飞。其实，他们只要工作的时候，顺手把木屑堆在角落里就可以了。

玛丽夫人并没有直接去指责工人，这天，等到工人们结束了一天的工作之后，玛丽夫人叫来了她的孩子，和他们一起将院子里的木屑清理干净，并且堆到了角落里。

第二天，工人来上工，玛丽夫人指着墙角的木屑笑着说道：“谢谢你们昨天将木屑堆到角落，院子很干净。老实说，这简直比以前还要干净，我很高兴。”

工人们听了很高兴，在后来建房子的时候，自觉地将木屑堆到了院子的角落。

在社交场合，用暗示提醒别人其错误之处，其实就是给彼此留一个台阶下，不会让你在指出别人错误时，造成关系紧张的问题。所以，如果你既想要获得对方的好感，又想要帮助对方改正错误，不妨学着用一下暗示法吧。

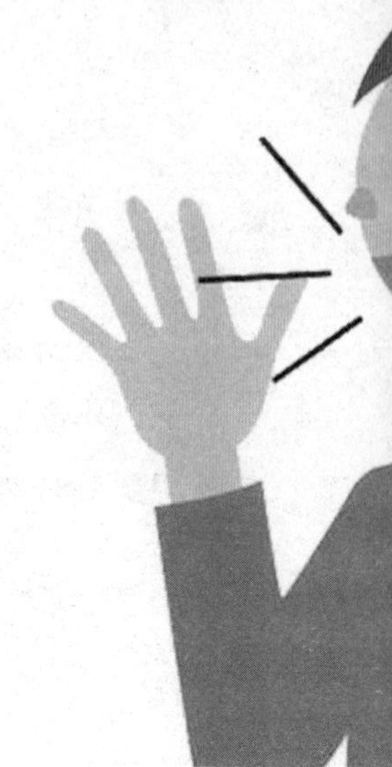

找个人替自己说“不”

与人交往时，“不”是非常难说出口的一个字，拒绝也是非常难做的一件事情。很多人常常烦恼该怎么去拒绝别人，才能够不伤害彼此的感情。他们绞尽脑汁，但依然不得法。其实，拒绝的技巧有很多，你不必去想各种拐弯抹角的拒绝之词。当你想要表达拒绝之意时，可以将原因转移到第三者身上，让别人来代替你说“不”。

冯建是一家饭店的采购员，每天负责购买饭店所需的各种食材。李峰是冯建的小学同学，自己开了一家蔬果摊。他知道冯建的职位之后，便找到冯建，希望他能够从自己摊子上进货。每一次，都会给冯建应得的回扣。

冯建了解了李峰家蔬菜的价钱之后，发现每一样都比市场上贵五毛钱。如果被饭店知道了，那自己很可能会失去工作。但是，想到和李峰之间有多年的同学情谊，冯建并不好意思拒绝。

想了想，冯建对李峰说道："实在对不起，老板让我必须去××那里进货，他们两个人是朋友。如果我从你这里拿货，很可能会失去这份工作。"

李峰听此，只能失望地说："那算了吧。"

在生活中，经常会有一些人，很长时间不联系你，但是当他们有事情需要帮忙时，便会第一时间想起你。遇到这样的人，想必大多数人心中都会不快。很多人心中并不情愿帮忙，但是碍于面子，不得不违背自己的意愿帮助对方。

"将注意力转移到第三者身上"这个方法，无疑给众多为难之人提供了新的思路。比如，有一位跟你关系一般的同事想要请你吃饭，但是你并不想去，就可以说："哎呀！真是不巧，今天家里有客人，我必须在家接待，咱们改天吃吧！"拿别人当"挡箭牌"，就可以让自己置身事外，实在是一种非常巧妙的婉拒方式。

很多时候，我们之所以难以将拒绝的话说出口，是因为担心说出口之后会伤害彼此的关系。但是，如果无法达到目的的原因并不在于你，而是第三者，你也是"爱莫能助"，如此一来，对方便不会记恨于你。

即使这个"第三者"很有可能是虚构的，也可以在很大程度上消除人们被拒绝后的不悦。使用这个方法的时候，你要根据场景灵活运用，可以说"我朋友……""我同事……""我的妻子……"等。但是，一定要注意这个"第三者"最好是对方不认识的人，这样就能够防止对方去求证，导致穿帮。

同时，在选择替自己说"不"的人时，最好是比较有权威的或者是对方无法拒绝之人。这样，你在用他们当借口时，向你提出要求之人才不好意思继续勉强你。当然，在社交场合，如果你能够恰当地运用这个方法，还可以将自己从尴尬之中解救出来。

有一位足球明星曾经带领球队夺得多次冠军，在全世界拥有众多粉丝。

当他再次带领球队夺得世界冠军之后，恰好和现在球队的合同到期了，要寻找新东家。这个时候，他收到了来自另一个国家的一家知名球队的邀约，他决定亲自去考察一下。

在这个国家，这位足球明星同样非常受欢迎，拥有大量的球迷。为了迎接他，球迷自发组织了非常盛大的欢迎仪式。

在欢迎仪式上，有一位记者问他："请问您是否愿意留在本国，并且加入某一支球队呢?"

球星想了想笑着回答："我非常喜欢这个国家，也非常感谢球迷对我的支持和热爱。但是，家庭对我而言太重要了。我还有三个年龄很小的孩子，如果要远远地离开他们，对我而言是一件非常残忍并且难以接受的事情。具体去哪里，需要和我的经纪人兼老板商量之后才能够决定。我不会拒绝一切好的机会，但是这件事情并不是一时就能够决定的，因此我无法现在给出任何承诺。"

找个人替自己说"不"，并不是推卸责任，只是想要通过别人的身份来适当弱化自己的地位，表达婉拒之意。这样既可以维护自身形象，又能达到自己的目的。情商高的人，在社交场合不会轻易得罪别人。因此，当他们想要拒绝他人时，便会表现出自己对一些决策并无控制权，从而委婉地表达拒绝。当然，除了一些必须予以拒绝的事情之外，他们也会非常热心地帮助别人。这样，才能够给别人留下一个既有主见又热心助人的好印象。

居高临下的说教，让人很受伤

沟通的一大忌讳就是，居高临下地说教。经常会有人犯这样的错误：他看到别人出现了失误，第一时间想的不是帮助对方补救，而是对其喋喋不休地说教。如果看到别人获得了成功，便又换一副面孔，称赞对方的同时还不忘高高在上地教育他人："一次成功并不代表什么，不要骄傲自满，做人要谦虚。"

不管是批评还是称赞他人，摆出一副高高在上的姿态，总会让他人心中产生不悦，同时，还会在其心中留下一个不会说话的印象。

在公司员工的眼里，方悦是一个美丽、温柔，非常乐于助人的女孩，但是公司新来的同事吴欣却不这样认为。

吴欣刚来的时候，方悦对她很友善，有什么不明白的地方，也会耐心地给吴欣解答。吴欣说和方悦相处，确实有一种如沐春风的感觉。但是，有一次发生了一件事情，让吴欣改变了对她的看法。

有一次，吴欣在工作上受到了老板的表扬，非常开心，于是便想要找方悦分享一下喜悦的心情。然而，当着别的同事的面，方悦只是说了声“恭喜”，到了私下，她却要吴欣不要因为一次的表扬就被冲昏了头脑，直接浇了她一头冷水。

后来，吴欣发现方悦的热情只局限在办公室里，一旦到了私底下，整个人都变得冰冷起来。若是吴欣做错了事情，方悦便会冷冰冰地给予一番说教。

从那以后，吴欣便远离了方悦，因为在和她的交流过程中，吴欣很难找到一种平衡感。尤其是当方悦对她说教的时候，她总是感觉矮了对方一头。

在社交场合，很多人都希望自己能够成为一个受欢迎的人。为了达到这一目标，他们会费尽心力地表现自己。不论别人发生了什么事情，都会紧跟着发表自己的看法。但是，在这个过程中，他们往往不能注意到自己的用词，经常会说错话。

比如，“你怎么能这样啊?”“没事，我也经历过，这都是小事。”“你如果再不锻炼，就会成为一个大胖子了。”“这样的事情怎么还能出错呢，其实做起来很简单。”……将自己的位置摆得很高，即使是关心对方，依然让人难以接受。其实，居高临下，对应的常常是隔岸观火，意味着这个人对你并不是很关心。即使你说一些关心的话，也是打着道德的旗号，以获得某种优越感。

每个人都是自己生活的主人，你并不是他人的“上帝”，没有资格像上帝一样对别人进行“事后诸葛亮”的说教。也许，你会说我这样做是为了让对方变得更好。但是，这样的行为只会让对方觉得你是多管闲事。良好的沟通是建立在彼此平等的基础上的，没有谁会喜欢和一个时刻会对自己指手画脚的人相处。居高临下的说教，意味着别人不但要忍受你在那儿喋喋不休，还要因为你为了证明他犯了错误而浪费时间。情商高的人，不会做这种费力不讨好的事情。即使是想要帮助别人，也会注意方法，让自己的意见或建议变得更加容易让对方接受。

比如，他们会十分注意说话的语气。举个例子，“你怎么这样啊”这句话就有一些居高临下的意味，自然让人听了不舒服。如果改成“你这样，让我觉得有些难做”，自然地表达自己的感受，听起来就会让人舒服很多。

如果是想要表达自己的关心，不要说“这样的事情怎么还能出错呢，其实做起来很简单”，而是改成“在这件事情上，你花费了很多时间和心血，虽然结果很让人可惜，但是这正是值得学习的经验”。这样的话，听起来会更加顺耳，也更加能够安慰对方。

赵宇最近失恋了，整个人都无精打采的。关霖是赵宇的朋友，下班之后，约他一起去喝酒，劝道：“兄弟，我知道你现在很伤心，我也失恋过，十分理解你现在的感受，那感觉真是锥心刺骨。你不如想个办法，去挽回她。”

赵宇：“怎么挽回？她现在又找了个男朋友。”

关霖：“既然如此，你何必为了已经不能改变的事情要死要活？今天晚上我陪你大醉一场，之后把她忘了。明天开始，打起精神。再说，你长得这么帅，肯定会有很多女孩追你的。”

一番话，说得赵宇的心情好了很多。喝完酒之后，果然重新打起了精神。

在社交场合，当你想要向别人表达你的关心之意时，与其居高临下地在那儿说教，还不如做点有实际意义的事情帮助他。这样既能够帮助对方走出困境，又能够给对方留下一个热心助人的印象，比起居高临下的说教，更显高明。

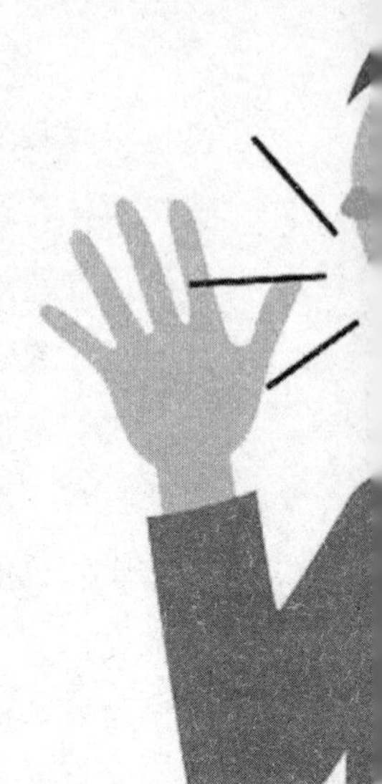

在反驳别人之前，先给予肯定

当你不同意别人的观点时，就会去反驳对方。但是，人们在被反驳的时候，往往会被激起逆反心理。美国得克萨斯大学教授乔纳森·考拉曾经做过一个实验，该实验证明：如果对方的意见与自己的一致，人们一般就会认为对方的观点是正确的，这种现象被称为“一致性效应”。但是，如果对方的意见与自己相悖，人们往往更倾向于认同自己的观点。

会说话的人，善于运用“一致性效应”，在反驳别人的时候，会先肯定对方观点中合理的部分，然后再说出自己的见解。这样既能够增强对方的信任感，又更加容易让对方接受。如果在对方还没有说完话的情况下，就打断对方，告诉他“你这样不对”，只会激起对方更强烈的反驳。

有一期《非诚勿扰》上来了一位非常有“个性”的男嘉宾，

他以“节俭”为荣，在介绍自己的时候说：“我五年没有买过衣服，几乎每天都是馒头咸菜，工资虽然不少，但是我是一个非常节俭的人，钱对我来说就是能不花就不花。我打算在北京攒一套房子钱，希望能有女嘉宾愿意跟我每天吃馒头咸菜。”

男嘉宾的这一番话立刻引起了女嘉宾的反感，纷纷说“这也太抠了”“和他生活肯定特别辛苦”……

就在男嘉宾越来越尴尬的时候，主持人孟非站出来说道：“我来说两句啊，男嘉宾，勤俭节约是我们中华民族的传统美德，你能有这样的想法真的不错，现在有这想法的人太少了，我们应该学习勤俭节约。”

男嘉宾听了，脸色缓和了许多。

孟非接着说：“可是咱们得知道，生活不是一个火坑，不要觉得你在里面吃苦受罪有一天就能爬出来，我认为活好每一天才是最重要的，不能为了钱、房子就把自己当成机器一样……该花的钱就得花，你每天都活得非常开心，让自己的女朋友也非常开心，这就是最好的生活了嘛。”

说完这一席话，男嘉宾点了点头，表示自己的做法有些过了，台下响起一片掌声。

德国哲学家莱布尼茨曾说过：“世界上没有两片完全相同的叶子。”同样的道理，世界上也没有思想完全相同的两个人。因为不同意对方的观点而反驳对方，甚至强迫对方必须附和你，会显得你情商非常低。

比如，某个人表示自己不喜欢某种食物，你说：“这种食物多么美味啊，你真是一点品位都没有。”某个人表示自己不喜欢看某部电影，你说：“这个电影多少人喜欢呀，你真是与众不同。”……无论你的论据多么有道理，对方都不会接受，甚至会认为你是故意来败坏自己的谈兴，从此远离你。

很多时候，反驳别人往往还会引起一场争论，因为你要反驳对方的观点，势必要列举各种理由去说服对方。对方被反驳时，肯定难以心悦诚服地接受，于是也会列举各种理由。当彼此的情绪越来越激动，那么争论便会升级为吵架。在这种氛围的刺激下，人们很容易失去理智，最后演变成大打出手。

每个人都希望自己能够被人尊重。因此，当你的意见和对方相左时，不妨先肯定对方的观点，这样才能更容易达到自己的目的。暂时同意对方的观点，并不是妥协或者懦弱的表现。你表示认同对方，能够降低对方的戒心，拉近彼此的心理距离，更有利于进一步的沟通。即使在接下来的交谈中，你提出了与对方不同的观点，碍于互相尊重的原则，对方也不好意思继续和你争论。

研究证明，当一个人在说“不”的时候，他全身的神经和肌肉系统都会处于紧张的状态，进而采取抵制的态度来防止外力干扰他的思想。当一个人说“是”或“对”的时候，却多处于松弛状态，此时对他进行引导，他往往能以相对开放的胸怀来接受新的意见。

因此，在交谈中先肯定对方，可以让对方暂时忘掉争执，愿意去认真倾听你的表达，在认识到自己的错误观念后，敢于承认，并且愿意改掉或纠正，从而达成共识。从科学的角度上来讲，这一点也是合乎人的心理规律的。

当然，当你遭遇别人的刁难时，也不必急于去反驳对方，先肯定对方的观点，再去表达，反而能够将自己从尴尬中解救出来。

谌容有一次应邀到美国一所大学演讲，对于台下的美国朋友提出的问题，她都坦诚地一一给予答复。

这时，有位记者问道：“听说您至今还不是中共党员，请问您对中国共产党的私人感情如何?”

谌容听后，并没有恼怒，笑了笑说：“先生，你的情报很准确。你说得很对，我确实不是中国共产党党员。但是，我的丈夫是个老共产党员，而我们共同生活了几十年，尚未有离婚迹象，由此可知我同中国共产党的感情有多么深!”

短短一段话，就让那名记者不好意思地笑了起来。

情商高的人，即使不认同对方的观点，也不会直接去否定对方。他们懂得，要尊重别人的思考成果。很多时候，如果你能顾及对方的面子，肯定对方的观点，给予对方一种被重视、尊重的感觉，对方自然就会敞开心扉，尝试去接受不同的想法。这样，你才能够营造一个和谐融洽的交谈氛围，让更多的人愿意和你加深交往。

先扬后抑，不要让批评成为负能量

哲学家詹姆斯曾说过："人类本质中最殷切的要求是渴望被肯定。"当人们被批评的时候，其实就意味着被否定了，往往会被激起逆反心理。在这种心理的作用下，他们便会将他人的话进行扭曲、曲解，拒不接受。

很多时候，对于同一件事情，赞美能够比批评取得更好的结果。如果你想要批评某一个人，不妨先夸赞一下他的优点，然后再指出他的不足之处，这样更容易被对方接受。

有一个新兵训练营每年都要接收一批新兵进行训练。有一年，新兵营来了一批新兵，但是这批新兵与以往的相比，不仅文化水平比较低，而且本身还带了一些坏毛病。

每次新兵犯错，教官都会严厉地批评他们，但是效果并不明显，教官们很是烦恼。一位心理学家提供了一个很好的办法，他让教官将新兵们集合起来，然后夸赞他们从进军营到现在，有了很大的进步，比如，他们养成了很好的生活习惯，每天早睡早起，早晨刷牙晚上洗脚，自觉叠好被褥等。在夸赞结束之后，教官还让新兵给家人写了一封信，在信中描述他们来了军营之后的一些好的改变。

最后教官说道："虽然你们有了很大的进步，但是我相信你们还能够做得更好，这样你们的家人也会为你们骄傲。"

新兵们听了深以为然，从此不断努力学习和训练，整个军队风气也为之一变。

美国著名实业家玛丽·凯什曾经说过："不管你要批评的是什么，都必须找出对方的长处来赞美，批评前和批评后都要这么做。这就是我所谓的'三明治策略'——夹在两大赞美中的小批评。"

在生活中，不管是出于什么目的，大声地指责呵斥别人，都会让其心中产生不快。很多时候，批评别人并不只有大声呵斥这样一种方式，有时候也可以很"含蓄"。当然，有很多人认为，"含蓄"的批评，可能根本没有效果。但是，如果直来直去地批评别人，非常容易得罪对方。

比如，你和同事合作的时候，对方在某个地方出现了一个小失误，导致后面的工作偏离了原来的方向。如果这个时候，你言辞犀利地批评对方，很可能让对方原本不好的心情雪上加霜。

卡耐基曾经说过："只有不够聪明的人，才一味地批评、指责和抱怨别人。"

每一个喜欢批评别人的人，通常都存在高人一等的心理，他们批评那些犯错的人，无非就是想要证明自己更高明罢了。这样的行为，只会引起别人的反感。严重了，甚至会让你失去更重要的东西。

很多人会问，难道我们要对别人的错误视而不见吗？这样做，岂不是助长了对方的错误之风？著名企业家玫琳凯对此给出了自己的见解："批评的时候，要对事不对人。在批评之前，应该想办法先表扬对方一番，批评之后，再表扬一番，让谈话在友好的氛围中进行。通常情况下，你能用这种方式处理问题，就不会激怒对方。我遇到过很多经理人，他们经常因为某件事情大为恼火，将当事人臭骂一顿。这种批评是毁灭性的，没有任何建设意义。人的自尊心有时很脆弱，都希望受到表扬而不希望受到批评。”

没错，一味地批评只会让对方产生抗拒心理。无论你说话多有道理，对方都会心生反感。这样的批评，不但不能帮助对方认识到自己的错误，还可能激起对方的怒火，使他产生逆反心理，生出“你不让我做，我偏要这么做”的想法。

在批评别人之前，不妨先赞美一下对方的优点，让对方放下戒心，然后再适时提出自己的观点，并且表示这是对对方更加殷切的期望，是信赖对方的表现。如此，被批评的一方才能心悦诚服地接受你的建议。

有一位老人，家门前有一片平整的场地，附近的小孩都喜欢在这里玩。但是，老人喜欢安静，小孩的吵闹声让他很是头痛。

但是，他并没有直接出去呵斥这些小孩，而是想了一个办法“曲线救国”。

等到第二天，孩子们依然来玩耍的时候，老人走出家门对他们说道：“孩子们，谢谢你们每天这么辛苦地来这里玩耍，为这里增加了不少的热闹。我很高兴，为了感谢你们的付出，所以我要送你们一些点心。”

说着，老人将手中的饼干分给了孩子：“现在请你们尽情地玩耍吧。”

吃了美味的饼干，孩子们很高兴，他们尽情地玩耍，直到累得筋疲力尽，才回家去。

第二天，孩子们又来了，老人又来给他们分点心，但是这一次的点心比上一次的少。老人说，他没有多少点心了。孩子们有些失望，但还是玩了一会儿才走。

等到第三天的时候，在孩子们期望的目光中老人摊了摊手说：“饼干昨天都被我吃完了，所以今天没有了。”

孩子们很是生气，心想既然都没有饼干了，他们为什么还要这么辛苦地给老人增添热闹。从这以后，他们再也没有出现在老人的门前，老人又可以享受宁静了。

在社交场合，批评、指责通常都是尖锐、刻薄的，很容易成为引发矛盾的导火索。在批评别人时，披上一层赞美的外衣，能让其更容易被接受。会说话的人，能够体会别人的感受，喜欢用赞美的方式去解决问题，如此既能免于冲突，又能够获得对方好感。

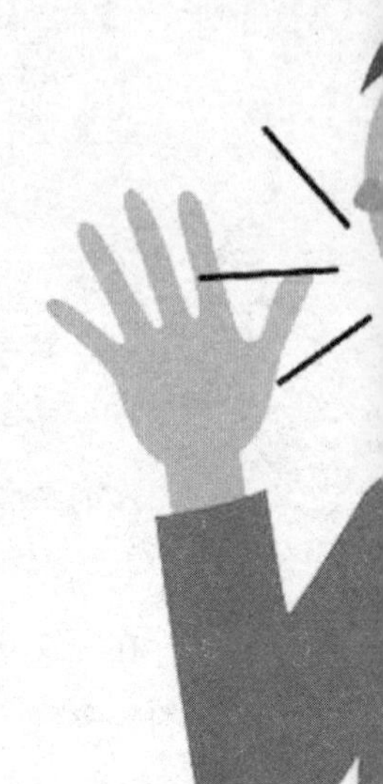

温柔地表达自己的不满

与人交往时，难免会遇到让人不爽的事情。对于不满，有的人选择忍气吞声，有的人选择冷嘲热讽，有的人选择歇斯底里地发泄出来……这些方法，都不算高明。真正情商高的人，遇到不满可以控制自己的情绪，用温和的语气将其说出来。

有一次，王伟和同事聚餐，大家坐在一起聊天。王伟想把自己在工作上的一些心得拿出来和同事们交流一下。话刚刚起了个头，便被新来的同事刘飞插话打断。

王伟有些不满，不过碍于面子，只是皱了皱眉，没说话。好不容易等到刘飞说完了，王伟才接过话头继续说了起来。

但是，刚说了几句话，又被刘飞打断了。再三地被人打断说话，王伟的心中很是恼火，不过他并没有发火，而是对着刘飞笑着问道："刘飞，你坐过火车吗？"

刘飞有些疑惑，不过还是回道："当然坐过了，每次春节回家，真是太难买票了。"

王伟接着说道："没错，每次去买票都是要排队的。这说话就跟买票一样，也要排队哦。所以，请不要在中间插队，等我说完了你再继续说，好吗？"

同事们听了王伟的话哈哈大笑起来，就连刘飞也红着脸不好意思地挠了挠头说道："对不起，王哥，是我的性子太急躁了，请您继续说吧。"

生活并不是一帆风顺的，每个人都有自己的想法，但不可能事事按照自己的想法进行。比如，有人和你说话的时候，语气骄纵蛮横，或者对方向你提出了无礼的要求等。所以，你会产生不满是一件非常正常的事情。但是，怎样既向别人清晰地表达出自己的不满，又不会得罪对方，是一件非常考验说话技巧的事情。

有时候，人们在表达自己的观点时，可能不小心就会触碰你的底线，让你心生不满。这个时候，他们往往是无意的。如果你表达不满的时候，说话难听，态度强硬，那么，势必会给对方留下一个"得理不饶人"的印象。甚至，对方还会认为你"小心眼"，难以交往。如果言辞太过激烈，甚至还会引发对方的不满，与你争吵起来。

如果你能够用温和的语气，将自己的不满说出来，对方看到你态度温和，就会不好意思和你争吵。有人疑惑："温柔地表达不满，会不会力度不够？对方可能根本不会在意？"其实，并不会这样。因为你除了语调温和之外，话语中表达的意思并不会变，甚至为了更好地说服对方，你的表达需要有更强的逻辑性，找到更多的论据来支撑你的话，因此也更能够说服别人。

当然，除了语调温和之外，你还可以在表达的时候，套上一层幽默的壳子，既能够清晰地表达自己的不满，又能让你的话听起来更有趣悦耳；另外，可以有话不直说，而是说得委婉一点，这样既能让对方领会你的意思，也不会引起对方任何不适的感觉。

比如说，你应朋友的邀约去他家吃饭，但是他很小气，招待得特别差，就给了你一碗白饭、一碗咸菜、一小杯米酒。这时候，如果你生气地说："你这个人怎么这么小气，就拿这样的东西来招待我，以后我再也不来了。"这么直白地将事实揭露出来，让对方下不来台，很可能当场就和你决裂。

但是，如果你安静地吃完饭，然后在临走的时候让朋友在你左右两边的脸上各打一个耳光，然后对朋友说："我这么做是为了让我媳妇看到我两腮通红，以为我已经吃饱喝足了。"这样的表达效果就会非常好，朋友可以清晰地感受到你的不满，然后为自己的吝啬而感到羞愧。

幽默地表达自己的不满，是你在人际交往中无往而不胜的利器。它不仅能够体现出你的高情商，更能够表达出你对人生的态度。卢那察尔斯基说过："幽默是一种温和的笑，是这样一种情绪，就是您所嘲笑的人又可笑又可怜，或者您虽然觉得他可笑，但是又必须谅解和宽恕。"

有一次，张作霖受到邀请出席日本人举办的酒会。

在酒会上，日本人对于张作霖威风凛凛的样子十分不满。于是，日本人为了发泄他们内心的愤懑，设了一计要让张作霖出丑，以此来羞辱他。

酒过三巡之后，一个日本名流离席而去。过了一会儿，他拿来笔墨纸张，指名要让张作霖当场赏幅字画。

在他们的认知中，像张作霖这样的军阀都是"土包子"，斗大的字不识一箩筐，定然会当众出丑。

张作霖心中明白日本人的目的，不动声色地接过纸笔，在纸上大写了一个"虎"字，落款为"张作霖手黑"。写完之后，冷笑两声掷笔回到了自己的座位。

这个时候，秘书在张作霖耳边小声说道：“大帅，您的落款‘手墨’的‘墨’字下面少了一个‘土’，成了‘黑’字了。”

张作霖听了，两眼一瞪，大声骂道：“你懂什么！正因为是写给日本人的，所以才‘寸土不让’！”

很多时候，除了表达自己的不满之外，你还可以用幽默的话语反击回去，这样既能够保持自己的风度，又能够清楚地表达出自己的意思，不会让别人认为你软弱可欺。我们说要温柔地表达出自己的不满，但是如果涉及原则问题，那就需要强硬起来，不做任何妥协。

高情商的人善于讲故事

很多人自诩为“讲道理”的人，不论遇到什么事情都喜欢和对方讲道理，并以此为荣。道理并不是错误的，只是有时候对于听的人而言，很多道理听起来是枯燥的。他们懂得这些道理，只是内心并不想接受。

在《难道一切都是我的错吗?》中，作者讲了这样一个故事：

有一个朋友，是心理治疗师，经常会帮助、开导别人。有一天，他在群里看到一位妈妈吐槽：“唉，我的孩子每天回家不能好好写作业，非要磨蹭到半夜，大家有没有什么好办法呀?”

话刚说完，就获得了群里大多数家长的响应。

有一位家长说：“都一样，我们家孩子也是每天都拖到半夜，每次教他都被我吼得一边哭一边写。每次吼完我都很后悔，等他哭完睡了，我再哭。”

“对，而且现在小学生的作业太多了，难度又大，每次我都是和孩子一起崩溃。”

……

家长们的吐槽越来越多，但是没有一个实质性的解决方案。

这时候，朋友在群里讲话了，他编辑了一大段文字，准备给大家好好讲讲道理，大体意思就是：“对于孩子，你越是关注他不写作业，越会强化他这一行为。而且，教育孩子并不应该用吼叫，这样只会激起他们的逆反心理……家长应该先理解孩子……”

一番道理讲下来，先前抱怨的那位孩子母亲马上回复了一句：“说得非常专业，谢谢！”并且还送了一朵玫瑰花，但是原本讨论热烈的微信群，立马变得冷清了起来，那位妈妈也再没有发言。

朋友很是不解，他明明说得都对，为什么就冷场了呢？

当你的朋友向你吐槽一件事情的时候，并不是为了听你讲道理，只是想要有一个人安静地听他倾诉不满。这个时候，你越是同他讲道理，他的心情就会越烦躁，甚至在坏情绪的影响下，他还可能与你发生争执。这并不是你的道理错误或者是说辞不给力，只是相对于枯燥的道理而言，他更需要你一起同仇敌忾或者听你吐槽类似的问题来缓解自己的不适。

人们在给别人讲道理的时候，通常是站在高人一等的角度，语气往往比较生硬，这样，就会给对方带来不好的谈话体验。很多大道理，人们听起来是深奥、拗口、难以理解的。人们在听一个人讲道理的时候，需要刻意地让自己注意力集中，不断地运用脑力去理解道理的含义。

这对于多数人而言，并不是一个愉快的体验。因此，当别人讲道理的时候，他们通常是抱着敷衍的态度，并不会认真去听。情商高的人，从来不会生硬地给别人讲道理，即使是想要教导别人，也会用幽默的故事代替。

相对于枯燥的道理，生动有趣的故事才能够吸引对方，并且让对方产生代入感，在无形中让对方听取你的建议。《沙漠的智慧》一书中写道："如果你想造一艘船，你先要做的不是催促人们去收集木材，也不是忙着分配工作和发布命令，而是——激起他们对浩瀚无垠的大海的向往。"

同样的道理，如果你想要别人听取你的建议，第一件要做的事情不是不断催促对方听你讲道理，而是应该先讲一个类似的故事让对方感同身受，然后将道理融入到故事中，让听众主动选择正确的做法。这才是一个人情商高的表现。

当你讲故事的时候，同样要注意一些技巧。有时候，一个花团锦簇的故事，还不如一个浅显简单的道理更有用。托尔斯泰曾说："真正的艺术永远都是十分朴素的、明白如话的、几乎可以用手触摸到似的。"讲故事也同样如此，用简单有趣的小故事来表明深刻的道理，才能够取得更好的结果。

著名的科学家爱因斯坦也偏爱这种说话技巧。有学生问爱因斯坦，相对论到底是什么？爱因斯坦是这样解释的："你在一个漂亮姑娘旁边坐了两个小时，却觉得只过了五分钟；你紧挨着一个熊熊燃烧的火炉只坐了五分钟，却觉得过了一个小时。这就是相对论。"用这样的方式解释了相对论这个晦涩的物理概念，让大家对它有了直观的认识。

根据调查分析发现，人们在交谈的时候，对话内容有80%都是通过讲故事来完成的。会讲故事的人，更受人欢迎。

著名喜剧演员马兹·乔布是一个非常会讲故事的人，有一次他去演讲，演讲的主题是"抛开陋习，以积极正确的态度分别对待中东人和穆斯林的必要性"。在演讲的过程中，他讲了一个小故事：

有一次，我去迪拜巡演。众所周知，迪拜是购物者的天堂，那里的购物中心大到能行驶的士。在迪拜，酸奶昂贵到令人惊讶的地步，是以克为计量单位销售的，这听起来都有点像是买卖毒品。

我去了一家酸奶店，店员很热情："嗨，我的朋友，我能为你做些什么？"

我说："给我来点酸奶吧！"

店员："好的。有1克装的、5克装的，还有10克装的。你需要哪一种？"

我说："请给我来5克装的。"

店员："好的，10美元。"

"10美元？你确定这是酸奶？"

"没错，这是来自哥伦比亚的上等货，绝对让您满意。"

一个简单的小故事，让观众轻松地明白不同地区风俗习惯的不同，既幽默，又能够给观众留下深刻的印象。

与他人交谈时，如果你想要给对方带来愉悦感，就不要随时准备给对方讲大道理，让对方认为你是一个无趣的人。学会讲故事，让自己成为一个情商高、会说话的人，你就会在社交场合受欢迎。

第五章
有些话能忍着不说，就是高情商

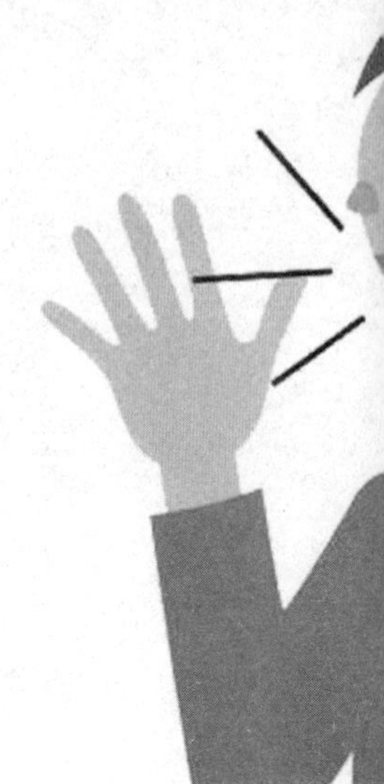

什么该说，什么不该说，情商高的人心中有数

生活中，会说话的人总是能够交到更多的朋友，在社交场合也会更受人欢迎。这里的“会说话”并不是说一个人说个没完，而是说话的时候懂得分场合、看地方，能够把话说到点子上。

有一些人，和人交谈时，说起话来没完，完全没有别人插嘴的余地，这种行为非常让人厌恶。还有的人，别人高兴的时候他说一些败兴的话；别人伤心的时候，他给人讲笑话……如此不会看人脸色，实在是情商低。

美国石油大王洛克菲勒，曾经有一名同事，叫作理查德森。有一次，理查德森代表公司独自去南美谈生意，洛克菲勒对他寄予了很大的期望。但是，理查德森谈判失败了。

理查德森觉得自己没有颜面见洛克菲勒，但是董事会召开在即，他不得不硬着头皮回到公司，甚至已经做好了在董事会上被批评的准备。

然而，出乎他意料的是，洛克菲勒并没有批评他，而是说道："首先，我想说的是，虽然理查德森先生这一次南美之行不太成功，但是我们都知道你已经尽力了。即使是换了一个人，可能也不会比你做得更好。现在，我还有一个可以让你重整旗鼓的计划……"

理查德森听着洛克菲勒的话，顿时觉得一股暖流涌上心头，先前的抑郁一扫而光，带着自信，重新回到了自己的战场上。

很多人在与人交往的时候，往往把握不好人与人之间的界限，一旦和某个人关系好了，便知无不言，就算看到了别人的隐私也不知避讳，反而更加好奇地不停追问。还有的人，自认和别人关系好，在公众场合公开谈论别人的隐私来博取他人的关注。这种行为，十分容易引来别人的反感。

有一些喜欢争强好胜之人，一旦被人反驳，便会不分场合、地点，当场便要和人争个高低。这样的人，人们不会称赞他性格直爽，只会觉得他情商低。不论是什么身份的人，都喜欢和情商高、能够看懂别人眼色的人交往，因为这样的人，通常不会让自己失去面子。

正所谓："君子之交淡如水。"对于第一次见面或者是交情比较浅的人，一定要注意说话的分寸。古人常说："逢人只说三分话，未可全抛一片心。"意思就是说，和别人见面，说话只要说三分即可，不要全心全意地信任他人，将所有事情都告诉别人。有时候，面对不熟悉的人，你将自己的所有信息都告诉他，他不会感谢你的信任，只会认为你"缺心眼"。而且，有时候你的"畅所欲言"还会给别人带来压力。不是所有人，都会对别人的隐私或者秘密感兴趣。

在生活中，情商高的人懂得"交浅而言深，既为君子所忌，亦为小人所薄"的道理。他们能够把握说话的分寸，即便是关系再亲密的朋友，也不会擅自干涉对方的决定。如果对方遇到了难题，会在得体的范围之内给对方提供合适的帮助。

当然，有很多人会羡慕电视主持人的“舌灿莲花”，希望自己也能够成为一个会说话的人。这就需要你具备一些说话的技巧，懂得什么场合说什么话。但是，绝不是让你成为一个“油嘴滑舌”之人。你要学会在不同的场合，说不同的话；与不同性格的人交往，也说不同的话。这样，你才能够营造一个和谐融洽的交谈氛围，才会有更多的人喜欢和你做朋友。油嘴滑舌之人，只会给他人留下不真诚、不值得交往的印象。在学会说话的同时，一定要避免这一大忌。

有一个主持人非常懂得说话的艺术，每次他主持节目，总是能够带动全场的气氛。有一次，他去一个露天舞台主持节目。刚刚还晴朗的天空突然下起了雨，台下顿时嘈杂一片，观众们都有些躁动。

这时，这个主持人走到台前，对着观众说道：“刚刚歌手唱了一曲《多情的土地》，感情沛然，让她的眼睛湿润了，观众的眼睛湿润了，老天的眼睛也湿润了——下起了小雨。不过没关系，只要观众不走，我们就不会走。现在，我们的演出继续进行。”

一番话，逗乐了观众，也安抚了他们焦躁的心，让演出顺利地演完。

所以，在与人交往的时候，你不仅需要学会看场合说话，同时也需要不断学习说话的技巧，锻炼自己在不同场合说不同的话的能力，即使突然冷场，也能够应对自如。

类似“你穿这件衣服真难看”的真话还是不说为佳

通常情况下，人们喜欢与诚实的人交往，拒绝被欺骗。但是，在某些社交场合，说真话很可能会让别人下不来台。比如，当一位女士千挑万选，选中一件衣服的时候，哪怕这件衣服并不适合她，她依然希望听到别人的赞美。

如果此时，有一个人秉着诚实的态度对她说：“女士，这件衣服并不适合你，你穿起来真难看！”即使这是事实，也会让她恼羞成怒，从此对你的印象滑入谷底。

有一次，王伟的老板穿了一件非常时髦的衣服来上班，整个人的气质瞬间大变。

王伟当即赞叹道：“老板，你今天可真是穿出了新气象，整个人年轻精神多了，一眼看到你，还以为看到了哪个年轻小伙呢，看样子，等会儿有好事发生啊。”

听到夸赞，老板笑着说道：“你真觉得我这身儿不错？等会儿下班我要陪女儿去见她男朋友的家人，我们约好今晚一起吃饭。本来还担心自己穿得不合适，听你这么一说，我就大大放心了。好小子，我记住你了，好好干，我看好你。”

情商高的人，懂得看场合说话，知道什么时候说什么话比较合适。即使看破，也不会说破，让别人陷入尴尬之中。比如说，当别人高兴地向你展示他辛苦挑选的商品或者是他的工作成果时，你却说一些难听的真话，给对方泼冷水。对方当面不会说什么，但是心中可能会记恨于你。

在这种时候，你应该做的就是不要吝惜赞美之词，将对方夸赞一番。至于那些煞风景的话，即使本身没有错，也不要立刻就说出来。

有的人却总是喜欢反其道而行，当他们遇到这样的情况，往往不知变通，傻傻地据实交代：“可以倒是还可以，但我觉得这种款式和你本人不搭，你穿着有点儿土气。”诚然，这个评价可能很客观，也很有见地，但实在难以让人心情愉悦，只会让人感到沮丧。

赞美的词即使夸张泛滥，也不会令人打心眼儿里厌烦，但负面的语言，即使公正客观，犹如真理般不可质疑，也很容易让人受到伤害，破坏谈话氛围。

情商高的人，与人交谈时懂得时机的重要性。时机一到，赞美的话，积极的祝福，就要第一时间送上，否则，错失良机，它们的功效就会大打折扣了。

我们看新闻、读历史时，通常会发现这样一个现象：每当一个国家新成立的时候，最先与其建交的国家总能得到更多的优待，就连历史记载也更加详细。为什么？说白了，表达友好的态度是讲究一个及时性的。如果不够及时的话，哪怕一样的付出，结果也会大打折扣。

有一次，王怡约客户在咖啡厅商谈合同的签署问题。恰好，客户是由她老公送过来的。虽然客户的老公长得并不好看，但见面后，王怡并没有直接谈合同的事情，反而夸赞客户老公对她十分体贴。

客户听了十分高兴，兴高采烈地说道：“我老公很厉害的。他会给我写诗，古体诗、现代诗他都会写；他还会陪我一起健身、运动，他网球打得特别好；最关键的是，他特别尊重我，只要我一生气……”

看到客户滔滔不绝、眉飞色舞的样子，王怡羡慕地说道：“真羡慕您有这么好的老公，这么厉害还这么温柔体贴，您真是太幸福了。”

“对啊，我先生真的很爱我。当然，我也深爱着他。”客户一脸幸福地说道。

最后，王怡并没有和客户谈太多工作上的话题，客户就欣然在合同上签字了。

情商高的人懂得把握时机，抓住别人的暗示，应景地说些好听的话。这并不是拍马屁，只是让我们与他人相处更融洽的一种方式。实际上，当别人为自己的某项成就而自豪时，及时地送上我们的祝福，本来就是一种美德。

在别人高兴的时候，说话不应景、泼冷水，除了能给他人添堵之外，没有什么积极意义。这就好比，你路上看到一对新婚夫妻正在拍婚纱，男女双方都露出幸福的笑容。这时，你却跑上去对人家说：“你们怎么在这里拍婚纱啊，这里风景太差了。”哪怕你说得再有道理，说得再怎么实诚恳切，对方心中也会很生气，恨不能一顿老拳打过来。但如果你随口送上一句“哇，好漂亮的婚纱，好漂亮的新娘”，对方便会因为你的赞美而心生愉悦。

生活中，有很多人出于对溜须拍马的厌恶，为了“老实”而老实，完全不管场合，一味地说实话。长此以往，只会给他人留下“情商低”的负面印象，对他们的人际交往造成恶劣影响。

学会察言观色，做一个情商高的人，当别人高兴的时候，当别人有所成就并为之自豪的时候，不要吝啬我们的赞美，也要不吝啬我们的祝福，这才是真正的智慧。

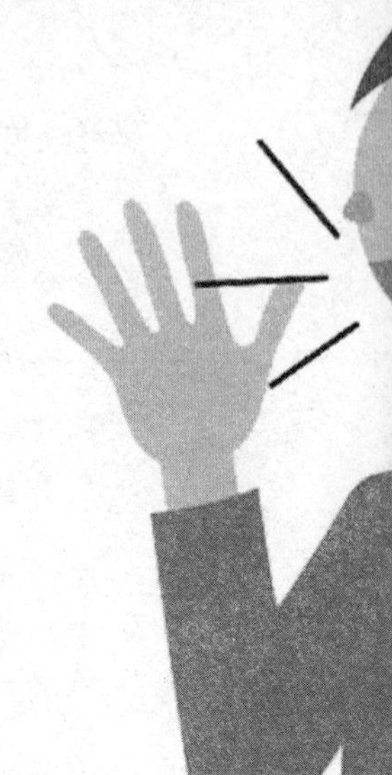

错了，立即道歉而不是辩解

犯错，其实是一件非常正常的事情。人们面对自己的错误通常会有两个选择：情商高的人，犯了错，立刻道歉。情商低的人，死不认错，极力辩解。

但是辩解，只能令人反感，认为你缺乏担当，不敢正视自己的错误，更没有改过的诚心和决心。真诚的道歉，能够证明你有改过之心以及内疚之心，能给人留下好的印象。因此，懂得道歉的人，往往比死不认账，只想着“辩解”的人要可爱得多，也受欢迎得多。

有一家生产电视机的工厂，某一天接到客户的电话：“我正看着电视，突然在荧光屏上出现一道白烟，随即图像消失了，这是怎么回事，你们会负责解决吗？”

厂长非常重视客户反映的问题，经过检查发现是进口的滤波电容器有问题。有员工算了一笔账，按照一年售出8万台电视机的出货量，其中有40台出了毛病，返修率不过万分之五，远远低于国家规定的标准，完全可以不予理睬。

但是，厂长认为这“万分之五”对于买到坏电视的用户而言就是百分之百，因此决定把卖出的8万台电视全部召回，为用户换下滤波电容器。

这是一项非常大的工程，有人提议：“找上门的就修，没找上门的就算了。”

厂长坚决反对，并且组织该厂在全国的126个维修点出面，在当地报刊电台上登广告，首先向广大购买者道歉，坦承了自身的错误，然后希望买了这批电视机的顾客，一律到维修点，免费更换电容器。

虽然，这次维修电视机耗资百万，但却赢得了对用户负责、质量第一的好名声，从而赢得了更高的信誉，次年的出货量猛增了数倍。

做错事情并不可怕，可怕的是你明知道错误，却毫不悔改，甚至朝着错误的方向继续前进。做错了事，就要道歉，这是做人的基本道德与底线。子贡说过：“过也，人皆见之；更也，人皆仰之。”每个人都不可避免地会做错事，这并不可怕，只要能够改正错误，及时向他人道歉，还是可以得到别人的谅解的，从而挽回局面。

如果有错不认，知错不改，反而为自己的言谈举止进行辩护，那就有可能招致他人的反感，甚至是厌恶，进而损害我们自身的形象。人们可以原谅一个改正错误的人，却难以接受一个在错误的道路上坚持己见的人。为错误辩解，只会加深错误的程度。

1970年12月7日，德国总理勃兰特访问波兰，前往华沙当年的犹太人隔离区，向那里的英雄纪念碑献花圈。勃兰特献花圈的时候，忽然整个人跪了下去。一同随行的人手足无措地看着这出乎意料的一幕，周围的波兰政府官员和民众也因为勃兰特的举动感到深深的震撼。

第二次世界大战后，世界上意义最重大的一瞬间，在此刻定格，所有爱好和平的人民心头，都激起了强烈的、恒久的震荡。

勃兰特说："面对死难者，没有人会不悲伤。"

他还说："对事实的回避会给人造成错误的假象。要面对历史就不能容忍那些还没有得到满足的要求，也不能容忍'秘而不张'……面对百万受害者，我只做了在语言力不能及的情况下人应该做的事。"

有外国评论家还这样写道："他没有必要下跪，而他却为那些应该下跪，而没有下跪的人，跪下了，他比那些站着的人更伟大。"

自此，德国彻底从"法西斯"的阴影中摆脱出来，世界人民不再将他们和德国视为战犯的后裔和国度，认错的德国人，成为世界上可爱的民族之一。

相比之下，死不认错，甚至为了美化自己，还篡改历史，为自己的罪行进行恶意辩护的日本人，却始终得不到世界人民的原谅，当然更得不到受害者的原谅。

情商高的人如果发现自己无意中的行为伤害了别人，就会立刻道歉，去抚慰对方的"心灵伤口"。与之相反，如果听之任之，久久不愿道歉，不仅会对别人造成更大的伤害，也会让你彻底失去与对方的友谊。同样的道理，犯了错，道歉越及时，越能帮助我们及时改过，将损失降到最低。这就是所谓的"知错能改，善莫大焉"。

有人认为，道歉是向别人低头，是没有尊严的表现。其实，一味坚持错误不肯道歉，才是对尊严最大的侮辱。道歉，是生活中再平常不过的事情，它不仅是一种行为，也是一种态度，一种尊重别人更尊重自己的艺术，不但可以弥补过失，还能增进人与人之间的情谊，化解危机。当然，道歉也需要技巧，情商高的人，往往也掌握着高超的道歉艺术：

第一，时机的选择。如果我们认识到了自己的不对，就应该立刻道歉。当然，最好趁对方心情愉快、悠闲的时候道歉，效果较好。但如果我们今天犯了错，隔了几天才认错道歉的话，就不合适了。事情过去了才去道歉，人们往往会怀疑我们的真诚度。

第二，认错道歉要大大方方，不必奴颜婢膝。认错本身就是真挚和诚恳的表示，是值得尊敬的事情，大可不必为此一蹶不振。奴颜婢膝，反而会惹人怀疑和厌恶。

第三，态度要诚恳，要坦率。当我们有某件事想要得到对方谅解时，态度是很重要的。我们要坦率地向他说出自己的缺点和错误并表示改正，这才能显示我们的决心。

第四，敢于承担责任，敢于担当。既然我们已经做错了，就不需要再掩饰了，勇敢地承担起责任才是获得谅解的最好办法。推卸责任或避而不谈，只能适得其反。

总之，道歉并不是什么低三下四的行为，相反，它最能体现一个人的素养和品质。情商高的人，绝不会惧怕道歉，他们善于运用道歉，提升自己的人格魅力。

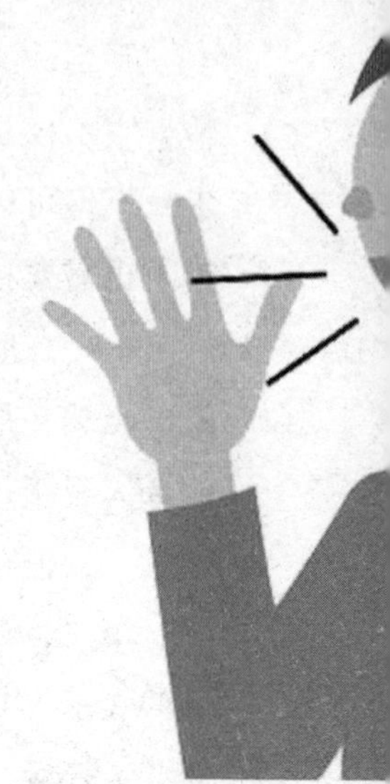

别人正说到兴头上时，别轻易打断和插话

在一些诗词比赛类的综艺节目中，选手想要获得胜利，除了自身拥有学识之外，还必须能够第一时间抢到问题的回答权。很多人将这一规则，应用到与人交谈之中，为了表现自己，每次都要第一时间抢到话语权。甚至，有时候他们不分场合，只要自己想发言了，便打断对方说话。但是，聊天不是比赛，并不需要判定哪一方是胜利者。在别人谈兴正浓时，随意打断别人说话，只能暴露你情商低的事实。

著名销售员乔·吉拉德在自传中讲述了一次难忘的失败经历：

有一次，乔·吉拉德去拜访一位顾客商谈购车事宜。他根据对方的需求推荐了一种新型车。在一开始，两人相谈甚欢。然而，就在要成交的节骨眼上了，对方却突然决定不买了。

乔·吉拉德很是不解，晚上回家之后也在思考问题到底出在哪里，却怎么也找不到答案。最后，忍不住的乔·吉拉德给对方打了电话："您好，先生，请问今天你明明就要签字了，为什么突然又决定不买了？"

"先生，你知道现在几点吗？"

"晚上 11 点，真是抱歉，先生。我知道这么晚肯定打扰您了，但是自从您走后我一直在检讨，实在想不出自己到底错在哪里。"

电话那头的人说道："很好，现在你能用心听我说话了吗？"

"非常用心。"乔·吉拉德说道。

"但是，今天下午你并没有用心听我讲话，尤其是我们聊到我的儿子即将进入大学，还有他的理想是什么，你却根本没有用心听！甚至，在我说话的时候，屡次打断我，去讲这辆车有多么好。这让我感觉非常不好，给我一种你根本没有尊重我的感觉，我可不愿意从一个不尊重我的人手里买东西。"

随意打断别人说话，是一种非常不礼貌的行为，在对方看来，你根本不尊重对方。培根曾言："打断别人，乱插话的人，甚至比发言冗长者更令人生厌。"没有人喜欢和一个随时会打断自己说话的人交往。

当一个人正在兴高采烈地讲述自己的事情时，个人情绪也会比较高昂。这时，忽然被人打断，这就像你在看一部情节紧凑的电视剧，正演到关键时刻忽然插播广告一样，无端被败坏心情。尤其是，有一些人不分场合与时机地打断别人说话，或者抢接别人的话头，很容易扰乱他们的思路，使得对方忘记自己要讲的内容，有时甚至会产生误会。

古人常言："说三分，听七分。"交谈时，别人并不想听你滔滔不绝，他们更想完整地表达自己的观点。自己说话的时候，一旦被别人打断，他们心生恼火的同时，心中也会对打断他们的人产生厌恶。如果你是一个喜欢随意打断别人说话的人，那么你的人缘可能也不会太好。

情商高的人，相对于表达自己，更加善于倾听别人说话。与人交谈时，他不会滔滔不绝，而是付出更多的耐心聆听别人的观点。这样别人不但不会小看他，反而会因为能够尽情地倾诉自己的观点，更加喜欢与他交往。

少说多听，能够让你给别人留下一个不爱道人是非的好印象。对于这样的人，人们往往更愿意付出信任。比如说，著名的人际关系学家卡耐基就非常善于倾听别人说话。他有一次和一位植物学家聊天，植物学家喋喋不休，不断向他科普各种奇花异草。

卡耐基没有打断他，选择了耐心地聆听，最终获得了植物学家的好感。植物学家还激动地表示，卡耐基是他遇到的最好的谈话专家。而事实上，卡耐基什么都没有说。由此可见，话并不是说得越多越好。让人把话说完整并且不插话，是一个人情商高的体现。

当然，如果想要加深彼此之间的关系，在倾听的时候，也需要注意技巧，让对方在倾诉时能始终保持愉悦的情绪。倾听的技巧，除了不要随意打断别人说话之外，还包括下面几方面：

（1）倾听的时候，要站在主动的一方。

在倾听的时候，你要保持心理高度的警觉性，随时注意对方倾谈的重点，要有同理心，能够站在对方的立场，仔细地倾听。不要从自己的立场出发去指责或评判对方的想法，要与对方保持共同理解的态度。

（2）多鼓励对方先开口。

倾听，重在你听对方说。如果在倾听中总是你在说，那就失去了倾听的意义。而且我们多鼓励对方先开口，不但有助于彼此之间建立融洽的关系，而且可以减弱谈话中的竞争意味，培养一种开放的谈话气氛，有助于彼此交换意见。

鼓励对方先开口的另一个好处就是，我们在表达自己的意见之前，先掌握双方意见一致之处，针对不一致的地方调整说话的侧重点，更容易说服对方。

（3）表示兴趣，保持视线接触。

聆听时，必须看着对方的眼睛。对于你是否在聆听和吸收说话的内容，对方是根据你的眼睛是否看着他来做出判断的。没有什么比真心对人感兴趣更使人受宠若惊了。

（4）使用并观察肢体语言，注意非语言性的暗示。

肢体语言有时候比说出来的语言更能真实地反映对方的想法，当我们在和人谈话的时候，在我们开口之前，我们内心的想法，就已经通过肢体语言清清楚楚地表现出来了。这些肢体语言包括：自然的微笑，不要交叉双臂，手不要放在脸上，身体稍微前倾，常常看对方的眼睛，点头等。注意没有说出来的话、没有讨论的信息或观念及答复不完全的问题。

心理学家研究证明，大多数成功的交流，都建立在互相理解的基础上，其中必然有一个人是善于倾听的。倾听，是沟通的桥梁，如果你能够成为一个善于倾听的人，人缘就会在不知不觉中变得好起来。

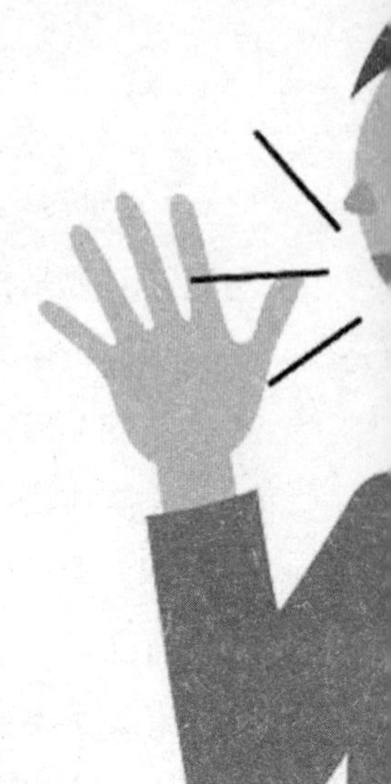

有一种高情商叫不拆穿对方的谎言

很多人都有过这样的经历：去参加同学聚会，每个人都会穿得光鲜亮丽，嘴里说着这些年自己获得了多大的成就。如果这个时候，有人说："哎，你不是在家卖红薯吗？什么时候成了大城市的白领了？"一句话，怼得说话的人脸上青一阵白一阵，原本和谐的氛围也变得尴尬不已。

在戏剧舞台上，有一种表演方式叫作"拆台"，意思就是当众把对方的把戏拆穿，来博得观众的笑声。但是，生活的舞台不能这样。如果你总是拆穿别人的谎言，不仅没有任何的喜剧效果，反而会显得你情商很低。

电影《完美陌生人》主要讲述的就是，七个朋友聚餐。其中在吃饭的时候，女主角提议玩一个游戏。所有人将手机放到桌子上，每来一条信息必须当众读出来，每来一个电话都要免提接听。

在电影中，女主角提出这个建议之后，所有人脸上都露出勉强的笑容，并且有人说，这是一个很危险的游戏。然而，碍于面子，他们又不得不接受。

在玩游戏的过程中，每个人的秘密与谎言都被揭露出来，原本轻松的气氛也变得越来越紧张。最后，闹得不欢而散。

每个人从小就被教育做人要诚信，不可以说谎。但是，生活并不是非黑即白，很多时候人们说谎可能是有不得已的苦衷，或者是为了维护自己岌岌可危的面子。如果这个时候，有人来拆穿他，无疑会伤害他的脸面，让他下不来台。这样的行为，对于自身人际关系发展没有任何益处。

法国哲学家卢梭曾经说过："为自身利益撒谎，那是欺骗；为他人利益撒谎，那是诈骗；为了陷害而撒谎，那是造谣中伤；诸如此类都是最坏的撒谎，而对自身和他人都无害亦无利的撒谎，那不算撒谎，那只是虚构而不是撒谎。"

由此可见，即使是谎言也分为很多种。如果你以偏概全，认为所有的谎言都应该被拆穿，那想法未免太过偏激。当面对善意的谎言时，你出于好意拆穿对方，对方不但不会认为你聪明，反而还会认为你是故意来找茬的。很多人认为关系亲密的人之间不应该存在谎言，但是有时候一个小小的谎言，可能只是为了给身边的人一个惊喜。

比如，某部电视剧里有个情节是家里有人过生日，所有人都说忘了这一天是什么日子。即使过生日的人再三提醒，他们依然装作什么都不知道的样子。其实，他们根本没有忘记，并且各自都准备了礼物，只是为了到时给过生日的人一个惊喜。这是生活的情趣，如果被人戳破，则情趣不再，难免扰人兴致。

正所谓："知人不必言尽，言尽则无友；责人不必苛尽，苛尽则众远。"很多事情，即使你已经看破了，也实在没有必要说出来让对方难堪，只要做到自己心中有数即可。

情商高的人，在尚未弄清楚对方说谎的理由时，从来不会急着说破。他们往往更善于收集各种信息来了解说话之人的真正意图，甚至善解人意地顺着对方说话。他们说话懂得拿捏分寸，不会轻易去得罪别人。很多时候，看破不说破，其实就是给彼此留一个台阶，彼此之间保持一个安全的距离。在这个安全距离之内，双方都不必担心会失去面子，自然就会愿意深交下去。

当然，我们并不是倡导说谎之风。只是说，当你发现一个人说谎的时候，与其盲目说破，不如等弄清楚之后再做决定。如果你发现对方的谎言，是为了掩盖一些不可告人的目的，或者是为了伤害他人，那么你就有义务去阻止对方，如果对方仍然执迷不悟，那你就可以毫不留情地揭穿他。

在生活中，情商高的人除了不会随意拆穿别人的谎言之外，同样也不会随意拆穿别人的错误。他们即使要指出错误，也会运用技巧，不让对方尴尬。

> 国画大师张大千和齐白石先生之间发生的一件趣事，更体现了“看破不说破”这个处世原则。张大师画了一幅名为《绿柳鸣蝉图》的画，画上是一只大蝉俯趴在柳枝上，蝉头朝下，做欲飞状。
>
> 有一天，齐白石见了这幅画，对张大千说：“大千先生此画极为传神。不过，我以前画蝉，曾向一位农民请教，据他说蝉的头都是朝上的，极少有朝下的情况。当然，这也只是那个农民的一面之词，我没亲自看过，也不一定对。”
>
> 后来，张大千仔细观察之后，发现齐白石说的果然是正确的。当时他那样说，只是害怕自己丢了面子。

在生活中，如果时时刻刻有个人准备来“揭穿”你，那你肯定会心生不悦。推己及人，别人的生活，同样也不需要你来“揭穿”。与人交往，不管关系是否亲近，对于他人善意的、无伤大雅的谎言，在不触及原则的情况下，你只需要看着即可。如果你“仗义执言”，只会让双方的关系变得紧张。

当别人自黑的时候，不要傻乎乎地附和

别人自黑的时候，随声附和是一件非常容易暴露你情商低的事情。曾看过这样一段话："如果我和你说我长胖了，你千万不要点头赞同我说的话。你一定要反驳说，没有呀，哪里长胖了，这样刚刚好。就算我说，哎呀，我是真的胖了。你也要坚持继续说，没有，你真的没胖。"

很多时候，别人自嘲并不是想要你的随声附和。因为一个人脸上带着笑，不代表他是真的心情好。而一个人幽默自嘲，也不代表他是真的自信，这个时候他想得到的是你的反驳。

"每逢佳节胖三斤"，新年回来，同事们正聚在一起说过年发生的好玩的事情。同事李小芸一边兴高采烈地说回到家乡吃了哪些美味的食物，一边苦恼地捏着自己胖了一圈的小腰说道："过年什么都好，就是吃了太多好吃的，长胖了，真是不开心。”

同事A说：“没有啊，哪儿有长胖，还是小蛮腰呢。”

同事B接着附和：“没错，过年要到处走亲戚，累都累死了，哪儿还能长肉呀，你分明瘦了很多。”

……

同事们你一言我一语地将小芸说得心花怒放，而之前管不住嘴多吃美食的负罪感顿时烟消云散了。

谁知道，这时候正好经过的一位男同事听到小芸说自己长胖了的话，不明状况，便附和说道：“没错，你的脸是圆了些，腰也粗了，不过这样看着更有福气了。再说了，过年回家都是大鱼大肉地吃着，不长胖才怪……”

小芸听后立马变了脸色，气鼓鼓地说道：“关你什么事？”上一秒还心花怒放的小芸，一下子被男同事的话惹生气了。

男同事也被怼得很尴尬，他只是顺着小芸的话说的，怎么小芸就生气了呢？

像小芸的这种自嘲，典型的就是一种不自信的表现，她希望通过别人的反驳来达到安慰自己的目的。

其实在很多时候，自嘲是一种降低期待的试探，它的目的不是彰显说话之人的聪明幽默，而是用来掩饰内心的焦虑不安。他们主动调侃自己，是为了降低心中的期待，想要通过别人的否定来缓解情绪的焦虑。一旦别人真的质疑，他们一直小心翼翼维护的自尊，便会顷刻之间瓦解。

一般而言，当一个人拿着黑、丑、胖、穷等自己的缺点自嘲的时候，我们应该立马认识到对方的自我保护机制已开启，他们的言外之意是“快来反驳我”。此时，如果你送上一句积极的话，比如“哪儿有呀，你看起来真的很好”“不要对自己太苛求，在我看来你已经很好了”……这样的话势必会让对方很感动。

另外，自嘲有时候还是一种自谦的表现。行走在职场当中，能够自嘲的，大部分都是有实力的人。常言道“木秀于林，风必摧之”，他们的自嘲，不过是给自己涂的保护色。若是取得一项成就，他们从来不会过分渲染个人能力，往往更强调团队协作。这样既得到了大家对他工作能力的认可，又能够被他的高情商所折服。

林峰是一家公司的老板，因为敢想敢干，生意越做越大。有一次他去参加同学聚会，同学们都羡慕林峰的身家，纷纷向林峰请教是如何将生意做得这么大的。

林峰笑着说道：“这都是运气，那时候一笔生意都没有谈成，公司都要面临倒闭了，刚好以前的一个朋友有一笔生意照顾我，所以公司才会起死回生。之后有了名气，就越做越顺了。”

大家“哦”了一声，原来林峰生意能够做这么大还是运气居多呀。之后便纷纷感叹，怎么自己就没有这样的运气，哪怕不是开一个大公司，只是开一个小餐饮店，也是自己当老板，不用天天看人脸色，还赚不到钱。

只有王伟知道，林峰这话不过是自谦罢了，如果没有实力，只靠运气的话，岂不是人人都能成老板？

王伟便找个机会走到林峰身边敬了他一杯说：“林哥，刚刚你真是太谦虚了，你这么厉害哪儿是光靠运气的，有机会也指点指点小弟。”

情商高的人，从来不会傻傻地去附和别人的自黑。因为在成人的世界，你永远不知道别人自嘲的时候，是真嘲还是假嘲。当你身处社交场合时，最明智的做法就是少说多看多听，时时刻刻带着情商和智商。

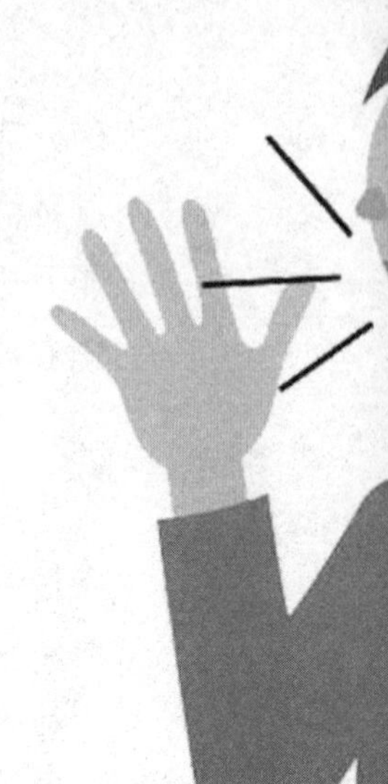

口出恶言之前，想想自己被激怒会怎样

“快走开！这么简单的工作都做不好，你还能有什么用！”

“你长得这么丑，还是不要出来吓人了，老实在家待着吧！”

“你这么胖，占了这么多的位置，我们还怎么坐啊！你还是起来站着吧！”

……

正所谓“良言一句三冬暖，恶语伤人六月寒”，生活中，有很多人一不高兴就喜欢对别人恶语相向，毫不顾及别人的心情，而被人说了难听的话，很多人都难免会情绪激动，甚至要和对方争个高下。最后，往往会演变成一场难以收场的冲突。

有一个人非常喜欢找茬，他经常会去一些餐馆吃饭，然后挑剔饭菜口味不好吃，将服务员大声辱骂一番。

有一次，这个人又去了一家川菜馆吃饭，点了一道水煮肉。结果，菜上来之后，他大声把服务员叫了过来："我说，你们这个菜是怎么做的？"

"先生，请问您有什么不满意吗？"服务员笑着问道。

"你们这个菜做得不好吃，我能满意吗？"这个人大声吼道。

"对不起，先生。不过水煮肉就是这样做的，而且……"服务员小声解释。

"行了，行了，我不想听你的解释。我说，你的眼睛是用来喘气的吗？看不见菜里放了多少辣椒和花椒啊？菜做得这么辣，我怎么吃？还有你什么服务态度，客人就是上帝知道吗？你这样我可以投诉你知不知道……"

还没等他骂完，服务员便愤怒地将水煮肉泼到了他的身上，现场顿时一片混乱。

在宋代高僧释普济所编的《五灯会元》中有这样一句话："利刀割肉疮犹合，恶语伤人恨不消。"意思就是说：身体上被刀割破，伤口早晚有一天会愈合，但如果是被恶语中伤而带来的心灵伤痛，却会让人难以忘记，并且让人时常怀恨在心。

当你与别人恶语相向之后，很难让自己不生气。甚至会在心中想，这个人说了如此难听的话，我一定要想个办法加倍奉还，这样才不会吃亏。推己及人，当你对别人说一些难听的话之后，别人肯定也会非常生气。他们在愤怒的支配下，失去理智后会对你做出何种伤害性的举动就很难预判。

很多人在说出难听的话之后，会为自己找一个理由，认为自己是心直口快，并且，他们认为只不过是几句话而已，并不会对别人造成多大的伤害，甚至在对方生气之后，还嘲讽对方是玻璃心。但是，并不是所有人的内心都是强大的，都能承受别人的恶言恶语。而且，他们也没有义务承受这些恶言恶语。

当你想要逞一时口舌之快时，不妨想一想，如果这些话是别人说给你听的，你会有什么反应？是否会愤怒？是否会想要报复对方？是否会想要加倍奉还？……如果你做不到无视别人的恶言恶语时，又怎能要求别人来做“圣人”？

生活中，喜欢对别人恶语相向的人，其实也暴露了他没有教养的事实。马克·吐温说：“良好的教养在于隐藏我们对自己较佳的评价，以及隐藏我们对他人较差的评价。”真正有教养的人，说话懂得考虑别人的感受，不会轻易伤害别人。

有很多人在外人面前喜欢将自己伪装成彬彬有礼的样子，在关系亲近的人面前却马上原形毕露。有时候，一点小事不合他们的心意，便说一些难听、过分的话，完全不在意这些话会对亲近之人造成什么样的伤害。这样做，实在不是一种情商高的表现。很多时候，越是亲近的人，越要互相理解。如此，对方才会越来越喜欢你。

梁启超先生拥有一个幸福美满的家庭，他与子女相处融洽，很多人都羡慕他。这与他会说话有着密不可分的关系。

有一次，他的二女儿考试只考了第十六名。为此，她十分沮丧，并且害怕父母会骂她。

但是，到了家中，她将成绩告诉梁启超先生之后，梁启超先生不但没有骂她，反而安慰道：“庄庄，成绩如此我已经很满足了，你们班里有三十七人，你考第十六名并不差。不必着急，下次再继续努力就可以了。”

他还会对儿女说：“你们将来是否有成就，还要看天赋。我特别佩服曾国藩的两句话：‘但问耕耘，莫问收获。’将来的事情，何必现在来烦恼……”

正是因为梁启超先生每次说话都有理有据，从不说难听的话，他的儿女才会个个成才，并且和他关系非常好。

在生活中，如果你想要别人对你好，那么你要先付出善意。如果你拿恶意对世界，世界也会回应给你同样的恶意。因此，如果你想要有一个好人缘，那么首先你应该管住自己的嘴，不与别人在言语上发生冲突。当你愤怒想要辱骂别人时，不妨沉默一分钟，让自己的情绪平静下来，恢复理智之后再去解决问题。

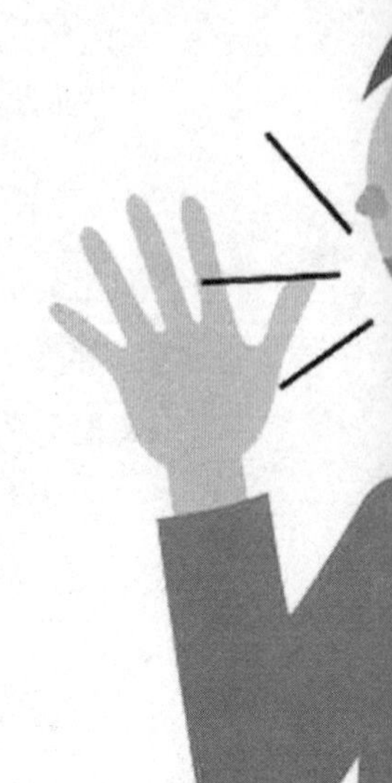

不合时宜的玩笑坚决不开

当遭遇冷场时，情商高的人会说几个有趣的小玩笑，来打破沉默尴尬的气氛。玩笑虽然是人际交往中的“调味剂”，能够快速拉近彼此的距离，但是，如果不合时宜，就会惹人讨厌。道理很简单，然而总有人认为自己非常幽默，毫不顾及他人的感受。

在一个颁奖晚会上，有一个小男孩上台领奖。

小男孩一上台，主持人就“幽默”地说道：“我怎么越看他越像是我的儿子呀。”

小男孩的妈妈听了这话，在一旁尴尬地笑了笑，小男孩的爸爸则说道：“话可不能这么说，网友都已经说小的那个像小岳岳，现在你又说老大像你，我这儿没法活了。”

然而，在接下来的五分钟内，这名主持人接二连三地使用这个哏和小孩“开玩笑”。后面的主持人实在看不下去，让小男孩的爸爸给颁奖，这名主持人又接着说道：“噢，原来不是亲爸爸给颁奖啊！”

在后面，更是接二连三地问小男孩长大了要不要去他那里工作。

一而再再而三地被人开玩笑，小男孩从一开始的开心活泼渐渐地变成面无表情，最后低头不语。领了奖之后，情绪低落地下去了。

颁奖的事情一出来，就引起了网友们的热议，他们纷纷表示：“和一个小孩开这样的玩笑，有些过分了。”

表达自己的幽默，其实是一件好事情。有了幽默，生活才能够变得更加有趣。但是，在开玩笑的时候，一定要注意玩笑的对象。如果不注意对象，随意开玩笑，那么效果很容易适得其反。

很多时候，小孩子的思维和成年人并不相同，不是所有的事情都可以拿来开玩笑。在成年人眼中可以一笑了之的事情，小孩子就很容易当真，然后为之伤心。所以，不管在什么时候，如果你想要用玩笑来调解气氛，一定要注意玩笑的内容。

人们对于玩笑经常会陷入这样的误区：认为这个世界上没有什么是不能够拿来开玩笑的。英国作家路易斯写的《魔鬼家书》一书，就反映了这个问题。在书中，魔鬼发现现代人有个通病——言谈时必有嬉笑嘲讽之词，比如：

对胖人说道：“你现在怎么越来越胖，现在去游泳都不用带游泳圈了。”

对矮子说道：“哎呀，你怎么又变高了，是不是在鞋子里面垫增高鞋垫了？”

对刚做母亲的人说道：“没想到你长得不怎么样，生的小孩倒是很漂亮。”

对单身女性说道：“你看看你妆化得也太浓了吧，这样是不会有男人喜欢你的。”

……

正所谓“打人不打脸，揭人不揭短”，你所认为的玩笑可能恰好是别人最不想被提及的痛处，你用此来愉悦众人，被开玩笑之人可能会因此悲伤。所有拿别人的痛处或隐私开的玩笑，都是不合适的。这并不是幽默，而是你情商低的表现。

弗洛伊德曾说：“没有所谓的玩笑，所有玩笑都有认真的成分。”绝大部分玩笑都是根据某个人的某个特点进行发挥，进而引申出引人发笑的“笑点”。这个特点往往是其缺点，这就使拿它所开的玩笑或多或少含有“攻击性”。也许，你认为这个玩笑只是随口调侃，但是对于被开玩笑的那个人而言，是自己的缺点被放到公众目光下，并且还要接受他人对此的嘲笑。所以，随便开别人玩笑，是一种非常没素质的行为。

有人曾说：“玩笑开得好是艺术，开不好就是往别人的伤口上撒盐。”一个好的玩笑，能够带给人如沐春风之感，而一个坏的玩笑，却能够瞬间破坏人们的心情。有位朋友讲述了一件曾经发生在她身上的事情：有一次她去餐馆吃饭，恰好遇到饭店顾客最多的时候，她等了很久菜都没有端上来，于是不耐烦地问服务员：“还要等多久？”服务员笑着说道：“像您这样漂亮的姑娘，只要再等一分钟。”她知道这只是一句玩笑的话，但是原本不耐烦的心情瞬间变得愉悦了。

情商高的人，在与别人开玩笑时，会注意玩笑的内容，恰当地避开对方的缺点。他们有时候会用对方的优点来开玩笑，这其实就是变相的赞美了。真正的玩笑，是建立在彼此都觉得有趣的基础上。如果只有你觉得有趣，那就不是幽默，而是讽刺、毒舌。

开玩笑时，同样也要注意场合。如果在一个严肃的场合中，大家都在商议非常重要的事情，你却不合时宜地开起玩笑，会给人留下不庄重的印象，甚至有时还会给自己带来麻烦。

米兰·昆德拉曾写过一本叫作《玩笑》的小说，小说主人公的名字叫路德维，是一名党员、学生会干部，一个前途无量的青年。

在学校的时候，他喜欢上了一个姑娘，听说姑娘要去参加党员培训班，然后写了一张明信片送给她。在明信片上他写道："乐观主义是麻醉人民的鸦片。"

他的本意是想和姑娘开个小玩笑，来显示自己的幽默风趣，吸引姑娘目光。然而当时的政治氛围浓厚、讲究"高度严肃的乐观主义"，这样的话简直是"反动"。

他喜欢的这个是一位非常严肃的姑娘，看到明信片上的话之后，立马将明信片上交，路德维因此受到批斗，最终被流放。

这个不合时宜的玩笑，成为他一生悲剧的源头。

《傲慢与偏见》中有这样一句话："要是一个人把开玩笑当作人生最重要的事，那么，最聪明最优秀的人——不，是最聪明最优秀的行为——也就会变得可笑了。"

由此可见，在人际交往中，你可以偶尔用恰当的玩笑来调节气氛，但并不能让其成为常态，否则，会给别人留下一个不尊重别人的印象，你的人际关系就会变得越来越差。因此，在开玩笑时，你一定要把握分寸，注意场合。

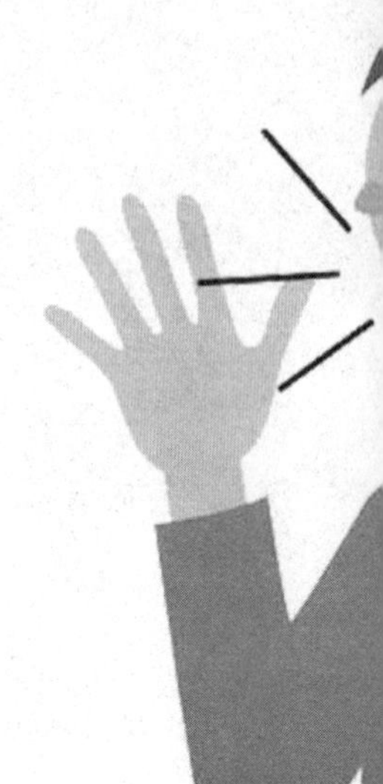

背后不说人是非，要说就说好话

本来一个男生人缘不错，却有人和你说：“那个男生找对象是全面撒网，重点捕鱼，他和好几个女生聊天，这几个女生还觉得他挺好，其实他心眼可多了。”你会怎么想？

刚进公司，有人跟你说：“那个女的喜欢跟领导打小报告，你可千万别惹她。”你还会和这样的女的交流吗？

高情商的人不在背后论人是非，不会做一些当面夸人、背后骂人的事。谣言是最毒的瘟疫，如果大家都知道某个人喜欢背后骂人，喜欢散布谣言，那么肯定会排斥他。要知道，语言是用来暖心的，不是用来害人的。

楚若雪的演艺事业正风生水起之时，却不知道怎么回事，突然被大家冷落了，她回想之前自己有什么不当的言行，但感觉自己并没有做错什么。

演艺圈的人都会明哲保身，大家一见楚若雪受到领导冷落了，虽然大部分都不知道到底怎么回事，但是没人去探望她了，她的家一下变得门可罗雀了。但有一个男生除外。

这个男生是新进剧组的编剧，和楚若雪有过几次交往，可能涉世不深，对演艺圈的潜规则不是很了解。他看到楚若雪最近没戏可拍，整天很失意，就找了个机会和她聊了起来。

他和楚若雪东拉西扯了几句之后，渐渐转到了正题上，他问道："我见姐姐你和徐莹莹当时关系不错，你们是不是无话不说呀?"

楚若雪说："我和她只是普通的关系，没有多深的交情啊，咱们这行最忌讳什么话都说了，你怎么想到问这个?"

这个男生问："这么说，姐姐你不觉得她这个人有问题吗?"

楚若雪眉头一皱，说："你可别这样说，在我眼里，每个人都有自己闪光的一面，你来和我说话，我挺感谢你的，但我不会说任何人的坏话。"

这个男生微微一笑，说："姐姐真的很正直呀，那徐莹莹有没有和你说过什么?"

楚若雪有些气恼了，说："你如果是来打听八卦的，那我这里可没有!"

这个男生说："姐姐的人品我已经知道了，但你还没看清别人的人品。徐莹莹和别人说，你之前和她说过一些话，是关于领导的。姐姐，这段时期比较艰难，你忍一忍会有希望的。"说完，这个男生就告辞了。

楚若雪听了男生的话之后，仔细想了想，忽然想起有一次徐莹莹和自己抱怨领导待人不公，但当时自己只是安慰了她一句，并告诉她以后可别说了，自己并没有说别人的坏话，难道徐莹莹陷害自己?

没过多久，楚若雪又被领导重用了，而那个徐莹莹却离开了公司。后来楚若雪听说，那个男生是领导的亲戚。

背后不说别人的坏话，就可以给自己留条后路，在两面三刀的人际关系中，你可以给别人留下正直的印象。谁都不想成为众矢之的，谁都不想被人利用，一个人如果被别人谣言中伤，很难在社会上容身。造谣的人却从没想过，伤害别人的同时也会伤害自己。很多人都有抱怨、发牢骚的习惯，但他们很少知道，自己日后遭遇的人情冷暖都是自己言行不当造成的。从造谣者口中说出的诽谤其实是一把无柄的刀子，无情地割伤了别人，也在自己使用时慢慢割伤了自己。

懂得什么话该说，什么话不该说，才叫聪明；不逞嘴上功夫，得饶人处且饶人，才叫智慧。当我们和别人抱怨时，不能克制自己“爱抖搂”的毛病，把别人的私事、缺点、过失都抖给别人，当时心情感觉大好，却不考虑别人对你怎么想，不考虑别人的关系，天真地以为别人是一个树洞，自己对他说的话，只进不出，那么苦果只有自己承担。其实，平时多想想自己听到别人的抱怨时会有什么反应，就可以知道，这样做会有什么后果，从而在以后克制自己。

有些事，你看不惯，不代表别人也不能接受；有些人，你不喜欢，不代表所有人都觉得他一无是处。如果一个人你不喜欢，保持距离就好；如果一件事你看不惯，转身不去看就好。不要用自己的标准要求人，不要用自己的惯性衡量人。“水至清则无鱼，人至察则无徒”，接受他人的缺点，才能把自己的人脉拓宽，能体谅别人的苦衷，才是一个高情商的人。

高情商的人想评价别人，往往是在背后说人好话，“好事不出门，坏事传千里”，也许好话起的作用不大，传不到当事人耳中，但一旦他们知道你在赞美他们，就会打心眼里认为你和他关系不错，就会考虑接受你这个朋友。

背后说人好话，也可以体现自己的胸怀，特别是在复杂的环境里，赞美别人就会让别人发现你的优点，让你从平凡中脱颖而出。比如，一家公司领导不苟言笑，不爱听别人的奉承，他的一个下属却和别人说他的上司为人很正派，不喜欢别人溜须拍马，这个领导听到后对他刮目相看，因为这个领导不喜欢当面溜须拍马，但也想得到别人的认同。

所以说，背后不说人是非，要说就说好话，是一个高情商的人的表现。不说别人坏话，是不拆别人的台；给别人说好话，也是给自己铺路。

不轻易说狠话，情商高的人说话都很软

有些女孩在恋爱时，因为一点矛盾，说了一句：“你滚，我不想再见你了！”结果男生一去不回。

有些子女认为自己已经成人了，父母管得太多，对老人说：“我的事不要你管。”伤了父母的心。

人们在一起相处，总会有磕磕绊绊，但无论怎样不顺，也不能轻易说狠话，因为狠话只会伤人，人被伤彻心扉，就会头也不回地离你而去。当然，有时候说狠话只是因为恨铁不成钢，尤其是对自己重要的人，看到他“窝囊”“颓废”，就想敲打他，让他振作起来，可结果却适得其反。所以高情商的人不说狠话，对身边的人都以软话来呵护真情。

夏晓珍和付国彬结婚十多年，一直争吵不断，不过两人从来没有真的翻过脸。

夏晓珍是急性子，雷厉风行，经常粗着嗓子指使付国彬干这干那，付国彬平时还能忍，但有时也会有情绪，这时夏晓珍就更蛮横了，常常粗暴地指责付国彬。

付国彬一看到这样，就低着头忍气吞声，等到夏晓珍安静下来，再和她讲道理，往往一场吵架就这么化解了。

有人问付国彬，这么些年你是怎么忍受的？他说结婚之前曾经在书上看到过，总是在吵架时撂狠话的夫妻，很少能在一起生活超过七年，因为在两人谁也不让谁的情况下，脱口而出的狠话根本解决不了问题，只会伤害对方，并破坏两人的感情。

说狠话的人往往是看不惯对方的行为，想挽留对方，给自己安全感。比如，妻子看不惯丈夫做事慢吞吞的，就会脱口而出几句狠话；女孩对于男孩不接电话非常不爽，害怕对方不理自己，又压抑不住自己不被重视的怒火，最后就会说出几句狠话。

很多人的故事证明，说狠话没有积极的作用，即使开始有几次能让对方重视起来，但他的心里已埋下了怨恨的种子，如果经常给他“浇灌”狠话，最后肯定是“落红无情”，一走了之。可能说狠话的同时，你在其他方面对他还很好，但他人对于你的好不会感觉很甜，而对于你的坏却加倍记恨。

人们常说“刀子嘴豆腐心”，似乎只要心软，就可以不必太计较，但是狠话如刀子，捅进别人的心里，让别人非常难受，所以狠话万万说不得。高情商的人在这种情况下就会说软话，他们知道，说狠话，好像催人奋进，却缺少爱意；说软话，看似没有气势，弹性却强。

有人说：“打是亲，骂是爱。”但是爱的基础是尊重对方，说软话证明自己在意的不是对方的错误，而是爱的分量。有时，我们需要被关注，需要对方理解自己，这时说狠话只会加重对方的心理负担，倒不如说说软话，陪着对方逛逛街，骂骂老板。想想看，把自己身边的人当出气筒是多么不明智的举动。

我们五六岁之前都是在学说话，而在之后的几十年里都是在学怎样说话。调和人际关系需要刚柔并济，说软话常常能收到理想的效果。说软话并不是和稀泥，而是标本兼治之举。只有春风化雨才能收获亲情、爱情和友情。

张佳星和女朋友郑亦欢闹矛盾了，张佳星当时想骂郑亦欢，但他忍住了。在健身房里，他想了半天，觉得自己也有错，然后回来想和郑亦欢和好，但是郑亦欢根本不想看他。

张佳星说："你相信我们的缘分是天注定的吗？"郑亦欢还是不想理他，张佳星接着说，"其实，我们是被月老拴到一起的。他当时问我，如果我的另一半脾气不好，我会不会抛弃她，我说：'您怎么忍心让这个公主有这个缺点呢？这个缺点还是给我吧，请让我的小公主完美无缺。'然后，月老说：'你可别后悔。'"郑亦欢说："骗人！"张佳星款款柔情地说："真的是这样的啊，你看我刚才脾气又犯了，其实我很想和你道歉的，这都是上天捉弄我俩，不过，如果再来一次，我还是要这么选择，因为我爱你。"

郑亦欢说："算了，原谅你这次。"

你若强来他亦强，说狠话只会导致双方互不相让，但如果一方服个软，赔上几句对不起，对方也就顺坡下驴了。人心都是肉长的，很少人会因为一点小事斤斤计较半天，只要你的软话说到对方心里最柔软的地方，就会唤起对方的真情。

一个高情商的人，从不炫耀自己

有位母亲在微信群里晒女儿的录取通知书，她的女儿考上了清华大学。这本来是件喜事，但这位母亲炫耀得过了头，导致被踢出了群。

高情商的人不会炫耀自己所拥有的东西，他不会炫耀自己的工作，不会炫耀自己的生活，不会晒自己挣了多少钱，也不会秀自己的爱情。他们不炫耀不是因为他们知道这会引起别人反感，而是因为他们的内心真正富足。

杨绛说自己“少年贪玩，青年迷恋爱情，壮年汲汲于成名成家……”，人在青年时，最想得到外界的承认，认为世界都要围着自己转，这个时候想活得精彩，想让外界臣服于自己，是很多人炫耀自己的出发点，但是，他们的内心其实是不满足现状，内心不富足、不平衡，才会一再炫耀自己，就像杨绛在《一百岁感言》中所说：“我们曾如此渴望命运的波澜，到最后才发现：人生最曼妙的风景，竟是内心的淡定与从容……我们曾如此期盼外界的认可，到最后才知道：世界是自己的，与他人毫无关系。”这种质朴，才是对生活最真实的满足的表现。

有人说：“秀恩爱的人其实最怕失去爱，挣了点外快的人才会装大款。优越感就像镶金的戒指一样，本来不是真金，非要拿出来显摆，以为别人真不识货。”喜欢炫耀的人虽然让大家看到了他光鲜的一面，但也让大家看到了他丑陋的一面，所以，内心富足的人从不刻意炫耀自己，他们知道怎样充实自己，怎样安排生活，知道“不以物喜，不以己悲”。高情商的人讨人喜欢，也是因为他们知道，自己有的别人未必有，自己多的别人可能正缺。其实大家厌恶爱炫耀的人，不是因为他拥有豪华、富贵的生活，而是别人没有，所以高情商的人懂得把握分寸，懂得克制，知道要从他人的角度出发考虑后果。所以情商高的人会让人舒畅无比，人们对于他的小缺点也就能够予以包容了。

喜欢炫耀的人虽然自己很痛快，却让大家很鄙夷，就像一个人当众抠脚，自己虽然很舒服，别人看了却很恶心。而高情商的人会照顾大家的感受，虽然自己奇痒难耐，也不会做出让众人鄙夷的举动，他们也许家庭非常幸福，也许有很多珠宝，也许家里很豪华，但他们依然和别人平等相处。

高情商的人对生活充满爱，对人充满关怀，在社交中不卑亦不亢，不沉迷于别人的祝贺与奉承，他们知道要真诚待人，踏实做事，一两次成功不值得炫耀，并不是有所成就就高人一等，真正的成功靠的是持之以恒的平和心态。他们看重的是长远的升华，在一些小事上显摆自己是对自己的羞辱。

高情商的人拥有才华，但他们不事张扬，他们知道前方依然有大风大浪，不会因为连续的晴天就忘了未雨绸缪。他们聪明，知道现在的人际关系会为他以后可能的挫折铺平道路，一旦炫耀自己，今日的垫脚石也会变成明天的绊脚石。

赵雅琴人很漂亮，不喜欢浓妆艳抹，几乎都是素颜出门，身上也看不到有什么饰品。她家的具体情况并没有太多人了解，但是大家都很喜欢她，都愿意和她交往。

有一次，赵雅琴有几天没来上班，等她回来，大家问她去哪了，她只是轻描淡写地说："陪老公出去旅游了。"有人问她去哪玩了，怎么也没见发朋友圈，她说："老公工作太累了，只是去缓解缓解，玩了两天就回来了。"

公司里有个新人得到过她的帮助，赵雅琴本来不在意这件事，但是这个新员工一定要表示感谢，赵雅琴知道新员工还没上几个月班，不想让她破费，就主动邀请她吃了一顿自助海鲜。

有了这次经历，新员工和赵雅琴就走得更近了。有一天，新员工和赵雅琴相约做瑜伽，做完瑜伽，正好赵雅琴的老公开车来接她，赵雅琴就邀请新员工去家里坐坐。

结果一到家，新员工就被她家的华丽震撼了，新员工实在不敢相信，原来赵雅琴是豪门太太。过后，赵雅琴解释说自己只想替老公管好家，老公一心都在工作上，告诉过自己不要炫耀，只有努力才是最大的炫耀。

高情商的人不炫耀自己，并不代表他们不想成功，相反，他们在做事的时候非常沉稳，非常努力，人们往往只看到他们的努力，而看不到他们有一丝浮夸。而那些炫耀的人，人们只看到了他们的轻浮，而平时的积极努力也让这炫耀遮盖住了。

第六章
恰到好处的幽默，才是高情商的体现

你需要一个有趣的开场白

很多人烦恼："在社交场合，怎样才能快速获得他人的关注?"其实很简单，你需要一个有趣的开场白。不论你与交谈的人是熟悉还是陌生，交谈的场合是公开还是私下，交谈的目的是谈生意还是交朋友，一个有趣的、能够让对方笑的开场白总能够让对方迅速将注意力转向你，然后愿意继续听你下面的内容。

黄渤去参加《星空演讲》的时候，一开口就爆笑全场。

之前演讲的嘉宾是比较帅气的王凯，所以等他出场的时候，现场的观众陷入了一阵尴尬的沉默。

黄渤并不介意，直接开始了演讲的主题："感谢大家前面听了那么多无聊的话，现在还要请大家再忍耐下，因为还有十多分钟无聊的时光。刚开始，我以为就是过来和大家聊聊天。但是，来了之后才知道这么的隆重，而且，演讲的主题还是关于幽默。我认为自己还算是一个比较幽默的人，它也是一个好事情，经常可以用来解决遇到的尴尬，比如现在没有掌声的问题。”

黄渤话音一落，本来还在沉默的观众被吸引了注意力，顿时笑了起来，热烈地鼓起掌来。在接下来的时间里，黄渤继续讲了几个有趣的案例，一直吸引着观众的注意力。

不管在什么时候，交际都是生活中重要的组成部分之一。只有与他人交往，你才能融入社会中，在困难的时候获得帮助。但是，有很多人抱怨：“没有人愿意与我做朋友。”很大原因，就在于你的开场白很无趣。

比如，一些人的开场白是这样的：“你好，我是李方，我们能交个朋友吗？”或者是：“很高兴见到你，我是李方。”这样的开场白，不但无趣，而且会给人一种高高在上的感觉。只是单纯地了解了名字，难道对方就要和你做朋友吗？如此无聊的开场白，同样也会给别人留下一个“你是一个无趣的人”的印象，对方自然没有兴趣继续和你深谈下去。

演讲的时候，被普遍采用的开场白就是：“各位领导、听众，你们好，我今天演讲的题目是……”这样的开场白一讲出来，无论接下来的内容多有趣，观众的第一印象就是“下面肯定要听一些啰唆、无趣的话”，他们会在心中吐槽“真是浪费时间，还不如玩手机呢”。于是，在接下来的时间内，他们就会正大光明地走神，完全不在乎你为了写演讲稿费了多少时间和精力。

或者，有的人演讲的时候，开场白是：“很抱歉，因为时间太紧，我没有来得及好好准备演讲……”这样的开场白，完全破坏了观众的情绪。他们本来准备享受一场听觉盛宴，你却在一开始就带给他们不幸的消息。如此一来，抱着这种坏情绪，在接下来的时间里他们不会再浪费更多的注意力在你身上。

情商高的人，会在开场白中尽力调动自己的幽默细胞，因为他们懂得，只有在一开始就吸引别人的注意力，别人才会有兴趣和耐心听你接下来的发言。在开场白中运用幽默法则，不但可以放松对方的情绪，而且还能够让你变得更加富有情趣，在第一时间消除彼此之间的距离感，让社交在轻松愉快的气氛中进行。

比如，著名学者梁启超先生就是一个非常幽默的人，学生们都喜欢上他的课。他上课并不死板，有时候刚上课，他说的第一句话就是："兄弟我是没什么学问的。"还没等学生们反应过来，接着他慢悠悠地说道："当然，兄弟我还是有些学问的。"一正一反两句话，顿时引起了学生们的注意和笑声，在接下来的时间能够更加感兴趣地听课。

当然，一个有趣的开场白，能够让你成为社交场合的焦点。在如今，"酒桌文化"越来越盛行，人们更喜欢在酒桌上谈生意、交流感情。当你约见客户的时候，如果没有一个好的开场白引起对方的兴趣，那么等待你的只有"订单交易失败"。或者，公司聚餐时，领导让你发言，你说一句"大家吃好喝好"，不但有喧宾夺主的嫌疑，影响领导对你的印象，而且也会让同事觉得你很无聊，即使在日后的工作中也不愿意和你多交流。

因此，你需要在酒桌上发挥幽默诙谐的本领，在哈哈大笑中很快就能建立起感情。这个过程中，你可以就地取材或者借用一些现成的小笑话来暖场。

有一个公司去聚餐，领导有事说稍后到。老板不在，不能点单，众人就坐在那里干等。随着时间流逝，员工们越来越不耐烦，秘书经验不足，不知道怎么寒暄，气氛越来越尴尬。

一小时过去了，领导姗姗来迟，对着秘书说了一句："茶！"

秘书灵机一动："1、2、3、4……"

老板以为秘书没听懂，又说了一句："倒茶！"

秘书："9、8、7、6……"

老板被秘书逗乐了，笑道："你数什么呢？"

秘书边拿茶壶倒茶边说道："我属狗呀！"

众人听了，顿时笑了起来。

幽默，能够让人际关系变得更加和谐，人们也更喜欢和幽默的人交往。在社交场合，你可以用一些无伤大雅的小玩笑来炒热气氛。但是，一定要注意分寸，不可以故意取笑他人，让别人陷入尴尬之中。

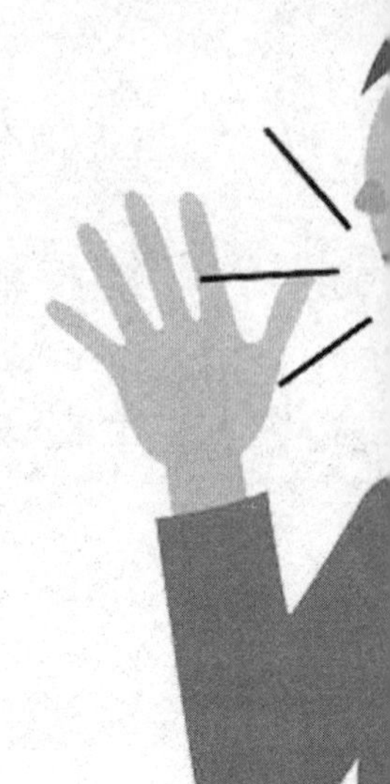

各种活泼的段子，能拯救你的枯燥谈风

随着网络的发展，各种有趣的段子层出不穷，并且时时更新。在与人交谈时，如果能够灵活运用各种有趣的段子，就能够让谈话的氛围变得活跃起来。

黄渤展现在众人面前的幽默并不是一成不变的，他会吸收当下的流行元素，与粉丝互动时频爆金句。比如：

曾经有粉丝问黄渤是否会做导演："渤哥，请问你考虑过以后做导演吗？回复我直播吃……"

黄渤："长身体的时候不要暴饮暴食。"

粉丝："黄渤哥哥，如果你是女的，只能在男人帮其余五位当中选一位当老公，你会选择谁？一定要选，否则地球毁灭。"

黄渤："我实在管不了地球了。"

当他在宣传电影《亲爱的》时，有粉丝说："渤哥，听说看完《亲爱的》会哭得很惨，那到底应不应该化妆去看呢？"

黄渤的回答，就很有幽默感了："本电影自带卸妆功能。看完电影男生可以注意一下旁边的女朋友，你可能会发现一个完全陌生的人。"

很多网络上的段子都是在搞笑的基础上得来的，比如"皮皮虾，我们走""惊不惊喜，意不意外""照骗""还有这种操作""蓝瘦香菇""我是梅西，我很慌"等，让人听了就会不自觉地会心一笑。

如果你能够将其应用到社交之中，无疑会让你的谈话风格变得更加有趣，并且一直保持在一定水平之上。很多人都希望自己能够变得幽默，或许他们偶然间找到了一个笑话，逗得身边人哈哈大笑，为了更受欢迎，他们翻来覆去地讲这一个笑话。也许一开始会吸引别人的注意力，但是再好笑的笑话，频繁地讲，也会失去味道，让人听了味同嚼蜡。

幽默就像是艺术，来自生活又高于生活，人们需要时时更新自己的"数据库"。这时，比较火的网络段子就成为你的首选。尤其是现在网络文化越来越发达，你在展示幽默的时候，可以灵活融入更多的搞笑元素。比如，网上曾经流行过的一句鸡汤文"你若安好，便是晴天"可以用来鼓励朋友，而如果修改一下，变成："你若安好，便是晴天霹雳！"用来调侃朋友，更见幽默。

何炅在录制某一期《向往的生活》时，几个嘉宾撑着大的塑料袋，玩得很开心。然而他们并不是在制作什么，只是单纯地在玩游戏，显得有点傻气。

旁边的人说道："怎么会有这么无聊的游戏呢？"

接着，有嘉宾也跟着开始吐槽，正在玩的人有些不好意思。

何炅站在旁边说道："怎么会有这么无聊又好玩的事！"

这十三个字，充满了人生道理，网友们纷纷点赞。

事实上，很多人都称赞过何炅的高情商，而且他在主持节目时也经常说出一些非常幽默又充满智慧的话，让人争相模仿。

“我不是冠军，我不是冠军，我不是冠军谁是！朋友可以交新的，冠军只有我一个！胜者为王，败者为寇！你们这些寇！”

“人生本来就有很多残缺，人永远无法求得圆满。想要在任何地方都追求完美，就是自寻烦恼。”

“有时候，风来了，你却站去了别的地方，等，其实是一种本事。”

……

生活的车轮在不断前进，如果我们一直在墨守成规，在人际交往中，很难引起别人的注意。因此，我们在展现自己幽默的时候，可以注意下面几点：

（1）打破常规的说法。

有很多耳熟能详的言语，但说多了难免觉得寻常平淡，而稍作修改就会变得新颖有趣，而且幽默意味十足。

比如，“路遥知马力，日久见人心。”如果我们将它修改为：“路遥知马力不足，日久见人心叵测。”不但意思变得犀利，而且也幽默很多。

（2）夸张。

夸张是一种修辞手法，同时也是很多段子手经常运用的一种幽默手法。看过《吐槽大会》的朋友应该都知道，李诞、池子吐槽的那种段子很多都是用了夸张的手法。

（3）比喻。

运用比喻的修辞手法来表达幽默，比起平铺直叙更加形象有趣。

比如：“如果睡眠是一种艺术，谁也无法阻挡我追求艺术的脚步。”“如果生活只是个悲剧，我也要做个官窑上品青花瓷杯具。”

（4）在幽默中加入广告语。

广告在生活中非常常见，而且说起来朗朗上口，在此基础上，改一下就会变得很有趣。

比如，农夫山泉的广告语——“农夫山泉，有点甜!”改成：“人生三大奋斗目标：农妇、山泉、有点田。”

（5）负能量真相段子。

近两年特别流行一语道出真相的负能量段子，也是很黑很损很有趣的，在适当的场合，可以作为大招向朋友放一个!

比如：“别减肥了，你丑不仅是因为胖。”“又一天过去了。今天过得怎么样？是不是离梦想更远了？”

（6）故意歪解。

用似是而非的荒唐道理去解释事物，让人啼笑皆非，产生幽默之趣。越是荒唐的，幽默味越浓。

在人际交往中，保持“新鲜度”是一件非常重要的事情。你只有给人足够的新鲜感、有趣，才能吸引别人的注意力。所以，你要不断学习为自己充电，了解各种流行词语和表达，将其恰如其分地融入你的话语中。这样，你才能保证自己的幽默是新颖的，也才能引起别人的兴趣。

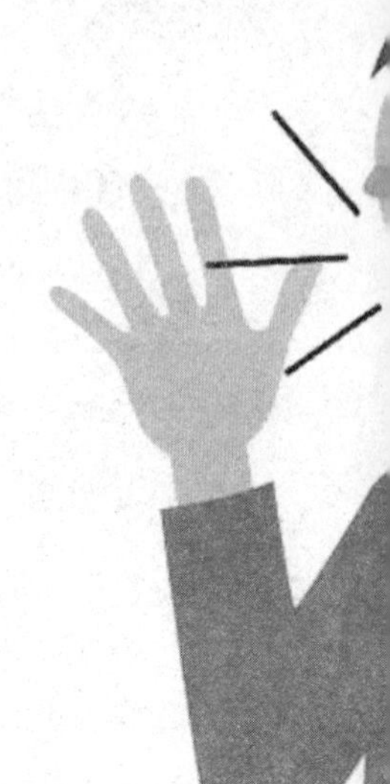

借题发挥的幽默，是对话中的彩蛋

借题发挥的意思是，借助某件事情、某个人、某个物品或者某句话做文章，来表达自己的真正意见。当你有难以说出口的话或者遇到难以解决的事情时，可以借助当下的某件事情来阐发，诠释出一种全新的思想，从而形成幽默。

有一次，孟非约朋友去咖啡店谈事情。老板端咖啡过来时认出了他，非常高兴，说自己非常喜欢他主持的节目，能不能给他签个名。

孟非点了点头说："可以。"

拿到签名之后，老板还没有走，客气地问道："请问，您觉得我的咖啡店怎么样，还有什么需要改进的地方吗？"

孟非着急和朋友谈事情，心中有些不耐烦。但是，他并没有发火，恰好看到桌子上的咖啡只剩下半杯了，笑着对老板说：“我这里倒是有一个能让你马上多卖出两杯咖啡的办法。”

老板赶忙追问：“什么办法？”

孟非指了指桌上的咖啡说：“你只要将杯子倒满即可。”

听到孟非的话，老板不好意思地笑了笑，然后走了。

在某些场合，借题发挥比直言其事显得委婉。比如在社交场合，你难免会与人产生摩擦。如果这个时候，你和对方争执，彼此间各种言辞激烈对撞，火药味就会变得越来越浓。这个时候，如果你能够巧妙地借用某件事情，去委婉地表达自己的不满，可以让对方听起来更加舒服一些，不会再因为争锋相对而做出不理智的行为。

当然，“借题发挥”，不是将问题放大，而是利用幽默的“宽容性”将大事化小，在和谐愉悦的气氛中解决问题。

与人交往时，被别人请求帮忙是在所难免的事情。但是，有时候别人的请求超出了自己的能力范围，或者是对方与你关系并不好，你不想帮忙，如果直言拒绝可能会伤害对方的面子。你就可以借题发挥，找到某个事物作为切入点去委婉地表达自己“不想帮忙”的意愿，既不得罪对方，又能达到自己的目的。

当遭遇尴尬时，很多人往往会不知所措，不知道该如何去打破僵局。利用当下的某个点去借题发挥，无疑给人们提供了一个非常好的思路。“借题发挥”的幽默，不仅是一个好的表达技巧，同时还可以营造出一个独特的幽默氛围，帮助你巧妙得体地摆脱尴尬。这样，既能够展示你的幽默，又能够让别人对你心生好感。

有一次，马歇尔去参加酒会，对一位漂亮的女士心生好感。于是，在酒会结束之后，马歇尔请求送她回家。

这位女士的家其实离酒会场地并不远，但是马歇尔却开了一个多小时的车。这一个多小时的时间里，他们聊各种话题，气氛一直非常好。

到家之后，这位女士对马歇尔说道："你是刚来这里的吧，好像不太认识路。"

马歇尔笑着说："美丽的女士，如果我对这个地方不熟悉，怎么可能绕了这么久一次都没经过你们家呢?"

机智的妙答，离不开幽默的语言。但是，很多人表示"不知道该如何去借题发挥"，常常掌握不到要领，无法取得令人满意的效果。其实，你可以从下面几个方法入手：

（1）根据性别特征"借题发挥"。

人类世界，最大的差别就是男女的不同。在交谈时，借助性别来发挥自己的幽默能够取得很好的效果。比如，有一位女士向一位男士抱怨："现在的男人真是太不懂得体贴了。"男士回答："我非常赞同您的观点，所以我才喜欢女性。"男士没有去努力辩解，而是借助"性别之差"巧妙地从另一个角度表达自己的观点，既幽默，又展现了自己的风度。

（2）根据身份不同"借题发挥"。

每个人都在生活中扮演不同的角色，同时又拥有多重身份：在家庭中可以是子女、夫妻、父母；在职场上可以是上司、下属和同事；在社会上可以是朋友、客户和陌生人……借助不同的身份，可以找到不同的幽默点。比如，在美剧《生活大爆炸》中，一个经典的借助身份发挥幽默的情节就是：谢尔顿做梦的时候，梦到自己在荒野上，天空挂着两个太阳。谢尔顿没有对此进行理论分析，而是说："哦，有两个太阳我却没有带防晒霜!"马上就戳中了观众们的笑点。

（3）根据对方的兴趣爱好"借题发挥"。

最能够引起对方注意的就是和他们兴趣爱好相关的话题，一旦你抛出一个与之相关的"包袱"，对方立马就会乐不可支，并且将你引为知己。如果你恰好了解对方的兴趣爱好，在与他交谈时，就可借此来发挥自己的幽默。

（4）根据不同场合来“借题发挥”。

和陌生人交谈时，彼此互不了解，不知道说什么，你想说一些俏皮话，又害怕不小心戳中对方的痛处，所以经常会冷场。这个时候，从本身所处的情境中出发，将当下场合的某些特征进行夸大，就能快速获得对方的认同，从而展开话题。

所以，当你对别人产生了不满，又不知道该怎么表达时，就可以尝试“借题发挥”，幽默地说出来。毕竟，相对于当面责难，诙谐的暗示能取得更好的效果。

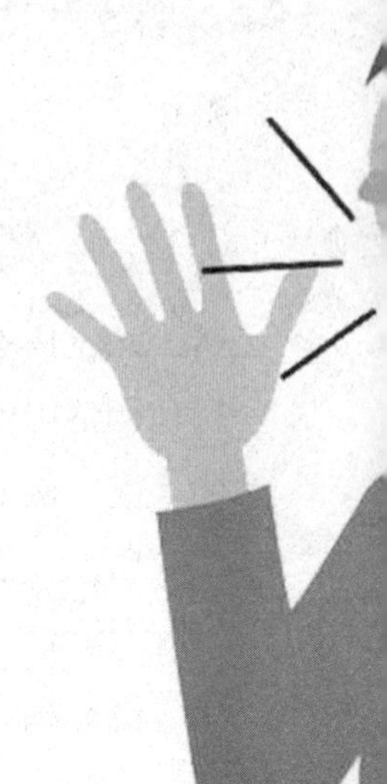

让生气的人笑着熄火，才是高情商

当一个人在充满负面情绪或者是遭遇刁难的时候，第一想法就是拍案而起，与对方大声争吵，绝对不能够落于下风。但是，这样解决问题的方法，通常只会让事情变得更加糟糕。情商高的人，在别人生气的时候，会选择一个妥当的解决方法。

早上上班期间，一辆公交车上挤满了人。忽然，司机来了个紧急刹车，车里站着的人倒了一片。

有一位男士，不小心撞到了前面的女士。正当这位男士想要和对方道歉的时候，前面那位女士非常生气，看了男士一眼说："你这个色狼，什么德性！"

听到骂声的乘客纷纷看向男士，目光有好奇的、鄙夷的，还有看热闹的。就在乘客们要指责这位男士的时候，他说道：“非常抱歉，女士。不过你说得也不对，这不是德性的问题，而是惯性的问题！”

男士的话刚说完，车上的乘客还有那位女士都笑了起来，也不再不依不饶。

在一般情况下，当一个人生气的时候，别人越是解释，他的怒气就越大。他认为你这是在辩解，是在挑衅他。为了不让自己失去面子，他自然要和对方争个高低。但是，生活中有些事情，并不一定非要分出输赢来。一场争吵，不仅浪费自己的时间和精力，而且还会给别人留下一个不好相处、斤斤计较的印象。

其实，当你面对那些无关紧要的争执时，不需要与其针锋相对，因为就算是赢了也没有什么意思。退让一步，用幽默的语言向对方道歉，既能够打破紧张的氛围，又能够让对方看到你的风度，从而不好意思再与你争吵下去。

因为别人而生气，是一件非常愚蠢的事情，因为，经常愤怒不但会损害你的身体健康，而且很容易让你变成一个不理智的人。学会管理自己的情绪，用平和幽默的方法去解决问题，你就会发现自己越来越受欢迎。

很多人疑惑：“难道别人故意刁难，我也要忍气吞声，强行幽默吗？”并非如此。在复杂的社会环境中，每个人都有自己的喜好。你认为是优点的地方，可能恰好是别人看不惯的。为了发泄不满，他们便会故意刁难你。

这时不必忍让，你可以用犀利的言辞反击回去。当然，你不必完全不顾形象地大吵大闹，而是可以巧妙幽默地讽刺回去，让对方自取其辱。比如，林肯在演讲的时候，忽然有人给他递了一张纸条，纸条上写着“笨蛋”两个字。林肯面对侮辱，没有当众发怒，而是笑着对台下的听众说：“我收到过很多匿名信，从来都是只有正文，没有署名。今天收到的这封却恰好相反，只有署名，却没有正文。”

你看，如果普通人被人这样当面侮辱，可能早与对方争吵起来了。林肯却幽默地将众人的注意力从辱骂事件转移到了正文署名上面，既缓解了尴尬的气氛，又有力地反击了对方。很多事实证明，在诙谐与欢笑中解决难题，比正面相争能够取得更好的结果。

会说话的人，通常也是一个比较幽默的人，他们能够巧妙地将技巧和轻松感结合到一起，时时给周围的人带来欢乐。很多人都希望自己能够成为一个懂得幽默的人。据说，有一个地方的人宁愿自己变成盲人也不想承认自己缺乏幽默感。由此可见，在人们的认知中幽默是非常重要的。情商的重要组成部分之一便是幽默感，幽默的语言往往能够让人们在笑意中平息怒气。

有一次，董卿去主持一个晚会，等到一名歌手该上台的时候，却被告知人还没来。二十分钟过去了，台上依然没有任何动静。观众很是生气，董卿多次上台解释，台下依然一片嘘声。

这时候，有一个观众非常不耐烦地说道："既然那个唱歌的没来，不如董卿你来唱一个吧。"

这时，董卿幽默地说道："这可不行，主持人都是要说的比唱的好听，要是我今天唱了，明天报纸该说董卿这个主持人现在说不好，只能现场卖唱了。"

听了董卿的话，台下的观众顿时笑成了一片，也不再催促董卿了。

不管是成功人士还是普通人，都会遇到生气的事情。在生气的时候，一旦对别人发火，就会引发矛盾。即使你是老板，如果经常对自己的员工发火，依然会不得人心。这时候，幽默，就扮演了非常重要的角色。利用幽默的语言来化解尴尬，平息对方的怒气，让对方反怒为笑，就是你的胜利，甚至，因为如此，别人更加愿意和你做朋友。

用有趣的方式自嘲

幽默地自嘲是社交场合拉近彼此关系的一件“多功能武器”，进可攻，退可守。一个情商高的人，通常擅长用有趣的方式自嘲，避免尴尬。

黄渤可谓是演艺界最会自黑的演员了。在宣传电影《爱情呼叫转移2》的时候，有记者问道：“这部电影是《爱情左右》，又名《爱情呼叫转移2》，对吗？”

黄渤幽默地回答道：“对，《爱情呼叫转移》是他们演的，我演的是那个‘2’。”

还有一次，黄渤被邀请为《鲁豫有约》的嘉宾，因为颜值被鲁豫调侃：“你是偶像派吗？”

黄渤非但没有生气，反而幽默地回道：“不是，当时唱歌的时候最多一天连赶过11个场，人家分偶像派和实力派，我是体力派。”

后来，鲁豫又问黄渤关于音乐的问题：“黄渤，你写的歌有被别人唱过的吗？有唱火的吗？”

黄渤笑道：“唱得人家发火的有。”

遇到调侃，他一直自嘲，却让观众越来越喜欢他的幽默。

情商高的人，非常善于幽默地自嘲。遭遇尴尬，他们能够及时通过自黑来化解。这不但可以转移别人的视线，帮助他们摆脱困境，争取有利局势，还会提高别人对他们的好感度。

很多时候，其实只要你机智幽默一点，善于自我调侃，就能在情急时刻化险为夷。比如，在早晨上班高峰时段，很多人坐着同一部电梯上楼。有一个人肚子不舒服，忽然放了一个响屁，大家都觉得尴尬无比。

这时听到他自我调侃道：“对不起，对不起，这两天肚子不舒服，没有想到竟然在这里漏气了。”此话一出，电梯里一阵哄笑，尴尬顿时烟消云散。

用幽默去调侃自己的缺陷和不足，缺陷和不足就会显得微不足道，他人也会愉快地接纳你。恰当地幽默自嘲一下，能最大限度地保护自己。

研究发现，乐于自黑的人，心胸都比较豁达。因为大多数人都希望展现自己最好的一面，不希望缺点被暴露。而乐于自黑的人却能够将自己不好的一面分享给别人，把自己的弱点、缺点袒露出来，这看起来是一件危险的事情，实际上是在用另一种方法为自己构筑了一个保护层。潜在的意思就是：我都已经把枪口对准自己了，你们还好意思再黑我吗？

在与喜欢自黑的人相处时，人们下意识地就降低了对他们的戒备。自黑就有这样的魔力。我们总是能发现，那些乐于自黑的人就算不是你喜欢的人，但你也不得不承认他因为自黑而变得可爱起来。

有的人在遭遇尴尬时，通常会表现得很无助或者面红耳赤地与对方争吵。这只会让事情越来越糟糕，既丢自己的面子，又对解决问题没什么帮助，还会让自己的人际关系越来越差。

如果能够学会自黑，这种情况会得到很大的改善。因为能够自黑的人，在别人看来大抵都是善良的人；一个连自己缺点都不怕对手笑话的人，又能坏到哪里去呢，这样的人交朋友自然是手到擒来。

很多时候，自黑，就是为了给别人营造一种你不在乎的假象。如果有一件事情你藏在心中一直不敢说，那么就说明这件事的负面影响还没过去。同样，如果一个人说你的坏话，你耿耿于怀，说明你将对方的话当真了。但是如果你顺着对方的话来自黑一下，对方也不好意思再来开你玩笑，因为没有人会愿意把精力和心思耗费在一件对方并不在乎的事情上。

有一个人谢顶了，还不到四十岁头发就掉光了，有一天，这人在街上遇到一个事业上的竞争对手。对手就嘲讽他："哟！这么早就没头发了，是想太多了吧。"

中年人心中很是生气，但想了片刻，最终只是轻轻一笑，说道："对啊，聪明绝顶了。"那个嘲讽的人顿时有种一拳打在棉花上的感觉，讷讷地闭嘴不言了。

当你的缺点被人嘲笑时，不要立刻恼羞成怒；或者当你遭遇尴尬时，也不要一味遮掩。这样只会更加凸显你的不足。你可以勇于承认，然后利用自我调侃的方式帮自己解围，这样既能摆脱别人的嘲笑，又能显得自己大度为怀。

幽默地自嘲，能够给自己和他人一个台阶。不管是谁将话题带入尴尬的境地，都可以利用这个方法，将这一刻的窘境化解。比如说，同事给我们过生日，但却将我们的生日说小一岁，这个时候，大家不免尴尬。这个时候，直接说对方错了，肯定不恰当。但如果我们回答说："哈，又年轻了一岁，真是太好了。"那就皆大欢喜了。

生活中，人们都喜欢会说话又幽默的人。善用自嘲，则可以最大限度地让我们免于困窘。自嘲并不是拿自己出丑，自嘲者讽刺的往往不是自己的缺点，至少他的优点是多于缺点的。不管我们的身份地位如何，都应该学会自嘲。

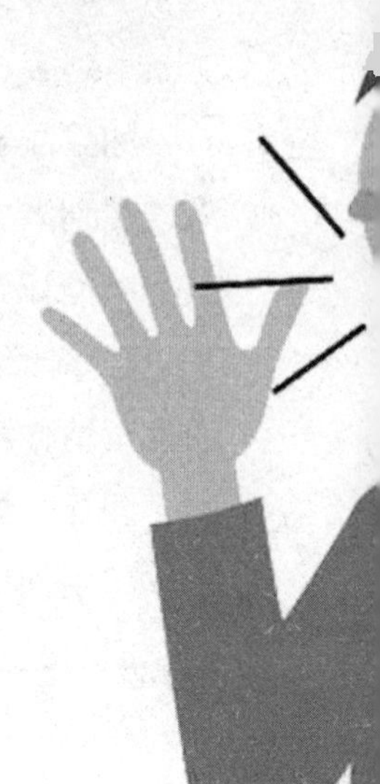

将错就错的幽默

很多人都有过这样的经历：和别人聊天的时候，一不留神就会说错一句话，惹对方生气。这时候，有的人会认错，说句“对不起”，请求对方原谅；有的人则是抱着无所谓的态度，任由对方生气。不管哪种处理态度，都会破坏原本融洽的谈话氛围。

情商高的人，素有急智。当他们说错话的时候，不会去强词夺理，也不会拒不认错，而是将错就错，在不破坏气氛的情况下，将错误圆过去。

在一次婚宴上，主持人向两位新人传达祝福：“你们即将步入婚姻的殿堂，共同度过漫长的婚姻生活。幸福美满的婚姻需要两人去共同经营。机器想要运行顺畅就需要润滑剂，你们就好比是一对旧机器……”

主持人的话还没说完，来参加婚礼的宾客就发出了一片嘘声，那一对新人也是面红耳赤。主持人想起来，这对新人是各自离异之后，历经波折才终成眷属。现在将他们比喻为一对旧机器，就像是在讥讽他们。

但是主持人并没有慌张，他好似没有听到宾客的嘘声一般，不慌不忙地说道："……一对旧机器，已经过了磨合期，接下来只要享受美好的日子就可以了。"

话音刚落，台下顿时响起了掌声，那一对新人听了主持人的话，也感觉格外幸福。

很多时候，人们很容易因为紧张或者是情绪激动而说错话。这个时候，如果你停下来去辩解，无疑会加深对方对于失误的印象和不满。而且，很多人在说错话并感觉到对方生气之后，很容易变得慌张，并且对此十分自责。于是，他们便会急着表明自己并不是故意的，语无伦次的解释只会让对方更加不耐烦，气氛也会变得越来越尴尬。

每个人都不是圣人，在交谈的时候，不小心说错话是一件很正常的事情，关键在于你怎样去处理这个错误。如果顺着自己的话，将错就错把话继续说下去，但是接下来的内容必须是夸赞对方的，这样就能够达到纠错的目的。有时候，补救的话还会成为点睛之笔，收到意想不到的效果。

举一个简单的例子，你和朋友聊天的时候，互相开玩笑，忽然你对朋友说："你不是人。"这必然是一句骂人的话，朋友听了也会生气。但是，你接着说一句："因为你是仙嘛！"对方听了，顿时就会变得高兴起来。经过这一转折，原本骂人的话也变成了赞美对方的语言。

另外，过于较真有时候并不是一件好事情。比如说，有人不小心将你置于尴尬的境地，你这个时候和对方辩解，除了证明对方错了并让对方陷入尴尬境地之外，没有任何益处。一味地较真，只会给别人留下一个不好相处的印象。尤其是，你指出对方的错误，相当于当面否定对方，即使他当面没有表示，但是心中一定会觉得不舒服，可能找到机会还会给你使绊子。这对你的人际关系没有任何好处。

但是如果你将错就错，顺着对方的话说下去，不但可以化解自己的尴尬，而且当对方明白事实的真相之后，也会对你产生好感。

有一次，黄渤刚下飞机，一个人一巴掌拍在黄渤的肩膀上，显得很熟悉的样子。黄渤回头看了看，并不认识，但是不敢多说话，怕是自己熟悉，但又一时没印象的人。

一路上那人侃侃而谈：“你演的那个电影，我看了很多次，我太喜欢你了。”

黄渤明白了，原来这个人是粉丝，就说：“谢谢你能喜欢。”

“我最喜欢你的就是那部，跟刘德华演的。”

黄渤一听就蒙了：自己什么时候和刘德华一起演过电影了？接着那个人给出了答案，是《天下无贼》，原来那个人把他和王宝强弄混了。

黄渤并没有拆穿他，临别时，粉丝要求合影并签名。黄渤大笔一挥，签下了三个字：王宝强。

粉丝得到了合影和签名，特别高兴，兴高采烈地走了。

将错就错，给别人一个台阶下，是一种情商非常高的行为。当你体谅别人，给对方留了面子之后，别人自然也会给你留面子。长此以往，就会有越来越多的人愿意和你交往，你的人际交往圈子也会越来越大。当然，“将错就错”并非意味着你说起话来可以毫无顾忌，次数多了，别人还以为你是在故意嘲讽他。所以，不论你有多少急智，和别人说话时，都要多注意分寸。

自报糗事，缓解尴尬

当一个人出糗了之后，下意识地就想将其隐藏起来，并且找各种借口进行掩饰。一旦糗事被人提及，便会恼羞成怒。其实，在社交场合，将自己的糗事分享出来，是一件很能凸显高情商的事情。别人一旦因为你的糗事笑了出来，就会不自觉地减轻对你的戒心，愿意和你深入交往下去。这对你发展个人人际关系非常有利。

黄渤从来不会掩饰自己的糗事，而且他经常会在各种节目或者宣传会上爆出自己的糗事来活跃气氛。

有一次，他去参加《我们结婚吧》的新闻发布会，说到了伴郎的话题，黄渤便说起了自己的“职业伴郎经”，并分享了几件自己做伴郎时的“糗事”。

黄渤说："我经常给人做伴郎，我觉得我特别适合做伴郎，非常能够突出英俊的新郎。有一次，在婚礼现场，新娘在门口停了下来，我问他们：'你们怎么突然不走了？'新娘就转身对我说：'您都踩我裙子上了，我怎么走啊。'"

"还有一次，我跟着两位新人上了场，却发现场内没有音乐，两位新人要在一片冷清当中交换戒指。于是我大喊：'音乐还没准备好，快下去！'两位新人听了我的话，飞快地从婚礼现场冲了出去。"

众人听了黄渤的话，顿时大笑起来，现场的气氛一片热烈。

敢于自爆糗事的人，在日常生活中往往是非常幽默的。和这样的人相处，会让人感觉很轻松，他们既能用有趣的方式化解尴尬，又能顾全他人的面子。既不端架子，也不玻璃心，身边有一个这样的朋友，能够为生活增添不少乐趣。

所以，你不必对自己的糗事避之唯恐不及，因为你越是掩饰，越能够勾起别人的好奇心。别人看到你遮遮掩掩的，会想："他到底发生了什么事情，为什么要藏起来？我一定要弄清楚。"于是，你越是掩饰，就会发现事情传播得越快。

大方地将糗事摆出来，不仅能调节气氛，还能满足别人的好奇心。等到好奇心满足之后，他们也就不会再去探究你的隐私了。

其实，一个人敢于自爆糗事，也是对发生过的不好的事情的一种接受。人们对一件事越是掩饰，就越表明在乎它，放不下它。一旦再次遭遇类似的事情，他们便会慌张，然后可能再次得到相同的结果。

如果敢于将这件事说出来，便证明他们拥有了面对这件事情的勇气；同时，也是打开了一个心结，人生得到了一次质的飞跃。

在《向往的生活》中，大家围在桌边吃吃喝喝的时候，何炅分享了自己早年的一件糗事。

何炅说："有一次，我主持了一档音乐节目，那会儿有一个陈姓歌手特别火，有一期节目组便邀请了他来当嘉宾。但是，没想到在节目的全过程中他都在笑。"

大家听了很是惊讶，何炅对此也表示很困惑，接着说道："不过作为一个主持人，应该保持自己的专业素养，我压制了心中的怒气强撑着主持完节目。

"等到节目录制结束之后，我忍不住上前对他说：'陈先生，您是很火，但是其实对我来讲，你只是我今天的一个来宾，我尊重你，但我觉得你也要尊重我的工作，你一直在那边笑是不对的。'"

听到这里，大家都被故事吸引住了，不知道接下来情节会怎样发展。

何炅接着说道："没想到陈先生的回答是：'那是因为你今天全程都在管我叫陈奕迅。'"原来陈先生的英文名是 Edison，何炅把他和陈奕迅的英文名 Eason 搞混了。

听到这里，宋丹丹等人顿时哈哈大笑起来。何炅一边笑一边直呼自己"太丢脸"。在节目中他还再现当时的尴尬表情，乐翻众人。

虽然这是何老师早年的一件糗事，但在此时的蘑菇屋里，显然给大家带来了欢乐，并且制造了不错的节目效果。

当你遇到冷场的时候，自爆糗事同样可以活跃气氛，别人捧腹大笑的时候，尴尬也会消失不见。当然，在分享"糗事"的时候，要分清场合，可以应用在朋友之间消遣的聚会上，但是在一些严肃的场合，比如商务会议、会见重要客户等，就不适合了，否则，不但起不到活跃气氛的效果，反而会适得其反，严重了还会导致你丢掉工作。

自夸式幽默，让人会心一笑

很多人做成某件事情时，并不好意思夸耀自己有多厉害。在人们的心中，一般推崇的是“谦虚”这一美好品德，对于自夸往往抱有排斥心理。他们认为，一个喜欢自夸的人，往往咄咄逼人。其实，这只是一种片面的理解。有时候，用自夸来表达自己的幽默，能够收到很好的效果，甚至，还可以帮你摆脱尴尬。

早年的时候，黄渤一直想成为一名歌手，但是拼搏了多年也没有成功。后来在机缘巧合之下，进入了影视圈，最终成了影帝。成功之后，黄渤再次搞起了自己喜爱的音乐事业。这一次，没有人嘲笑他了，反而都一味地夸黄渤唱歌好听。

有一次，有记者在采访黄渤时，称赞他说：“你现在演技厉害，又签约了索尼唱片公司，可以说是‘全能艺人’了。”

黄渤并没有自谦，而是说道：“人家都是分偶像派和实力派，我是‘偶实派’，所以就要力争做偶像派和实力派的混合体。有这么多才能，我也很苦恼，但是没办法，能者多劳嘛。”

这样的自夸，其实并不让人反感。甚至，因为独创、新奇，反而很幽默，让人听了就忍俊不禁。很多人都喜欢奉行“低调”原则，他们一直认为“自卖自夸”会让人讨厌，即使自己工作很努力，某些事情做得很成功，也依然表现出“我还差得远”的态度。

然而，越是这样，他们越容易“原地踏步”，而那些爱表现的人却很容易得到上司的赏识，从而升职加薪。这是因为越“低调”的人，越无法让更多的人看到你的能力，自然也就无法获得更多的发展机会。

当然，我们并不是说“低调不好，做人一定要高调”，低调是一个人自谦的表现。但是，在某些场合，用幽默的语言恰当地自夸一下，不但能够活跃气氛，而且还能让别人觉得你有趣，获得更多人的好感。

很多时候，从不自夸也可能是一种“无效谦卑”，如果你将所有的努力和成就归于团队，人们习惯之后就可能会忽略你的努力。所以，学会自夸其实是一件很重要的事情。

在社交场合自夸的目的是展示自己的能力，活跃气氛，摆脱尴尬……但是，有的人自夸能够让人愉悦接受，有的人自夸却让人心生反感。不断地自我炫耀，只会引起他人的反感。其实，有时候人们自夸，更多的是为了解决一些难以回答的问题。当你被人夸赞时，一味自谦，只会让对方下不来台，直言接受难免会让彼此陷入尴尬，给人留下一个骄傲自满的印象。这个时候，如果你能够幽默地回复，就能够让尴尬化于无形。

在2016年的里约热内卢奥运会中，张继科获得了乒乓球男子单打亚军、乒乓球男子团体赛冠军的好成绩。在比赛的过程中，他凭借过人的能力和个人搞笑的风格获得了大量的粉丝。

有一次，他去参加综艺节目《看你往哪跑》，主持人夸赞他长得帅。张继科自夸地说道："在体育圈里，我不敢说长得第一帅，至少也是前两名吧，保守点绝对也算前三，保三争一吧。你说哪有这样的人，既有成绩也有颜值，而且我的颜值还和一般颜值不一样，你们发现没有，我是越看越好看那种。"

说完，张继科自己都忍不住哈哈大笑起来，众人听了他的话，也忍俊不禁。

对于自夸，你不必抱着鄙夷的态度。尤其是当你被别人夸赞时，不需唯恐避之不及，用幽默的语言来自夸，往往能够取得更好的结果。当然，在自夸的时候，你要注意分寸，同时运用一些语言的技巧，让你的语言更加丰富多彩。除了上面黄渤"善立新意"和张继科"插科打诨"的幽默自夸技巧外，你还可以运用下面两个技巧：

（1）扬己抑人。

综艺节目《组团上春晚》邀请了潘长江和巩汉林一起出席，两人是多年好友，每次凑在一起总是笑料不断。有一次，潘长江对巩汉林说："汉林，你太瘦了，像生鱼片。我是没身高，但我——有'姿色'啊！"

这种自夸的方式，是为了活跃舞台气氛而建立在愉悦别人的基础上的，并不是真正的嘲讽对方。通常，如果你自夸的地方与实际情况正相反，那么这种差异对比更能引人发笑。

（2）砸现挂。

有一次，刘震云为女儿导演的电影《一句顶一万句》做宣传，刘震云说道："11 月向来电影市场比较低迷，但是今年不一样，今年 11 月份有三把热火。一个是《我不是潘金莲》，另一个是李安的《比利·林恩的中场战事》，11 月份就是三雄鼎立。你看我多么厚道，在自己的发布会上还宣传别人的电影，还是两部。”

这种说话方式，其实是利用了相声表演中的“砸现挂”方法，即兴发挥，恰当地宣扬自己的“厚道”，显得十分幽默。

简·奥斯丁曾说：“最虚伪的事，莫过于谦虚的嘴脸。你想自夸，尽管自夸。”与人交往的时候，学会幽默地自夸比故作谦逊更能显示你的亲和。所以，该自夸的时候，不必谦虚，利用说话的技巧，让自己变得更受欢迎。

说话的时候来个比喻，让幽默更生动

比喻，是一种非常常见的修辞方法。当你说话的时候，运用比喻，会让语言更加生动。有时候，你想表达一件事情，如果直白地说出来，可能会显得生硬，给别人带来不愉快的感觉。但是，如果你将其比喻成一个比较有意思的事物，让听者感到悦耳，他们就会自然而然接受你的观点。

联想集团的老总在一次会议中，说到与“个人能力”相关的话题时，引用了“鸵鸟理论”。

他说：“当两只鸡一样大的时候，另一只肯定觉得那只比它小；当其中一只是火鸡，另一只是小鸡时，火鸡觉得自己大得不行了，但是小鸡却会觉得它俩一样大。只有当其中一只是鸵鸟的时候，小鸡才会承认它大。所以千万不要把自己的力量估计得过高。”

意思就是说，一个人只有站得足够高，才会被人信服。联想老总巧妙地借助比喻，用启发式的语言，向员工生动地传达了一种思想，让员工们听了，努力工作的冲劲更足了。

在语言的艺术中，产生幽默的一个重要途径就是运用比喻。它能够使僵硬的语言变得形象、生动。幽默滑稽的最佳素材也多来源于使人感到别具一格、出乎意料的比喻。

当我们觉得某个人口才好、生动有趣时，仔细观察就能发现，他们与人交谈的时候，往往运用了很多形象的比喻。

古往今来，很多人认为如果想要口才好，遣词造句时一定要辞藻华丽。但如果真的这样做了，就会发现不会取得很好的效果。

华丽辞藻只会给人一种空洞、不切实际的感觉。尤其是在给人讲明道理的时候，晦涩难懂的词语只会让人感觉云山雾罩。而比喻等修辞手法可以将复杂、抽象的道理通俗化。

恰到好处的比喻可以源源不断地带来幽默，并且可以使人们在心情愉悦的同时，得到一些启示。巧妙地运用比喻，能够帮助我们增加讲话的趣味和感染力，让人们更加愿意和我们聊天。但是，有些人在运用比喻之后讲话不但没有变得更有趣味，效果反而大打折扣。这是因为，他们忽视了运用比喻说话的几个原则。

第一个原则是：比喻要通俗易懂。越是复杂的话，越难以让人明白。所以，喻体要浅显、生动具体，最好与生活非常贴近，只有这样，才能让人更容易理解和接受。

第二个原则是：用来比喻的事物同要说明的事物要相似。比喻的本体和喻体必须是完全不同，但又有极大相似之处的两种事物。属性相同的事物，难以激发人们的联想，没有比喻的意义；而没有相似之处的事物，根本不具有可比性，也不能用来比喻。

第三个原则是：比喻应该新颖贴切。比喻是增加语言色彩的好方法，但比喻不是越多越好，不能为了比喻而比喻，不能为了凸显个性而矫揉造作、故弄玄虚，比喻应有创造性，不能老用那些已经为人熟知的比喻。不自然的比喻，不但不能为讲话添彩，反而会让听众反感。

由此可见，比喻并不是随口而来，而是应该尽量做到简单、自然、贴切。如果比喻太过刻意，就会让人觉得别扭，无法产生很好的效果。

俞敏洪有一次被问了一个问题：你是怎样做才成功创办新东方的？

他说道：“这光靠我一个人是不行的，新东方之所以会成功，是因为一批拥有个人魅力的有志之士的加入。我所起到的作用就是将这些人连到一起组成一个‘新东方团队’。这里每个人都拥有不同的个性，他们就像是一颗颗珍珠，而我就是把珍珠串起来的线。这根线必须要非常耐磨，又有自我修复功能。也许它并不值钱，但是它能够把大家串起来，变成一条美丽的项链。

“作为一根线，我必须拥有超强的忍耐力和承受力，以及强大的宽容度。只要这根线不断，新东方的珍珠项链就会继续再长，而且价值会一直倍增。”

俞敏洪将新东方的人才比作珍珠，将自己比喻成一根线，既简单易懂、通俗幽默，方便人们理解，又表明了自己对人才的重视，一举两得。

恰当的比喻，能够给人们的生活带来趣味和欢乐，而不恰当的比喻只能够给人们带来尴尬。同时，我们在运用比喻时，也要注意场合是否合适。在恰当的场合，运用恰当的比喻才是一种高情商的表现。

当然，除了比喻这种修辞之外，你还可以运用拟人、夸张、排比等多种修辞方法，让你的语言表达变得更加丰富多彩。同时，你还可以不断地学习，扩大自己的知识面，让自己的幽默不落俗套。

真正的幽默可以毒舌，但绝不尖酸

幽默是什么？是让彼此沟通愉悦的手段，而不是张口就来的“耍宝”。

“你怎么这么胖？衣服都要撑破了。”

“你上班这么辛苦，是不是老公的钱都给别人了？别生气，别生气，我就是开个玩笑。”

……

有的人在和别人聊天的时候，经常会说一些类似这种不过大脑、令人尴尬的话，并且自认为非常“幽默”。有人吐槽，这样的人根本不懂得幽默，这只能算是毒舌。但是，如果他们的“幽默”给别人带来痛苦，就连毒舌都算不上。他们这种尖酸刻薄，只会暴露自己情商低的事实。

情商高的人在幽默的时候懂得分寸，不会将别人的痛处当作笑料。即使在毒舌的时候，也只是为了用发人深省的话去提醒或者帮助对方。

每次看《金星秀》的时候，总是觉得金星说话非常犀利又扎心，但是又会忍不住点开看了一期又一期。她在主持的时候，总是抛出各种犀利的问题，听起来辛辣、不留情面，但是细品之下，又充满睿智理性。

她在担任《舞林大会》嘉宾的时候，有一位女选手穿着比较暴露，但是舞又跳得不是很好。金星说道："我现在才发现，其实性感和穿衣服多少一点关系都没有。性感是让男人追着屁股后面跑的，不是放在桌面上的，放在桌面上的不是性感，而是猪肉。"

听到这话，网友们忍不住拍手叫好，并且敬佩金星如此敢说。

幽默并不是一味地逢迎拍马，你同样可以为了揭露一种现象而言辞犀利。但是，这些犀利的言辞要立足于正确的观点，而不是你个人的情绪发泄。从个人角度出发的"毒舌"，只会充满小家子气，让人觉得尖酸刻薄。有人曾说过："'毒舌'其实是一段表现自我修养的文字，有文化才叫'毒舌'，没有文化只能称其为'喷子'。"

鲁迅先生的"毒舌"给人们留下了深刻的印象，他"横眉冷对千夫指"，骂了很多人：他认为美丽的嫦娥是一个居家"怨妇"，他痛斥喜欢看热闹的群众，他说中国和西洋都有臭虫……尽管如此，人们也不讨厌他，仍然将他尊为文学大师。这正是因为他的话，并不是单纯地发泄自己的不满，而是充满了智慧，发人深省。

高级的毒舌，并不是一味地贬低别人，而是用有趣的智慧去化解犀利话语给人们带来的不适感，既幽默、令人发笑，又令人深思。

著名作家钱锺书先生，同样拥有深厚的毒舌功力。他对于婚姻是这样理解的："婚姻是一座围城，城里的人想逃出来，城外的人想冲进去。"对于上当，他又这样说："不受教育的人，因为不识字，上人的当；受教育的人，因为识了字，上印刷品的当。"对于可爱，他认为："要对一个女人证明她可爱，最好就是爱上她。”……

他曾在《说笑》中写道：“一个真有幽默的人别有会心，欣然独笑，冷然微笑，替沉闷的人生透一口气。也许要在几百年后、几万里外，才有另一个人和他隔着时间空间的河岸，莫逆于心，相视而笑。”

真正的幽默，讲究的不是卖弄小聪明，而是对分寸感的把控。幽默的语言能够帮你摆脱尴尬，能够帮你炒热气氛，能够在不伤害别人的前提下给别人带来欢乐。它常常展现在人们的连珠妙语之中，而不是自以为是地用恶毒语言攻击别人，这不是幽默，而是情商低、没教养。

据传，苏格拉底的老婆性格非常泼辣，经常会因为一点小事和苏格拉底吵架。

有一天，苏格拉底刚从外面回来，不知道什么地方惹他老婆不高兴了，她一直在他耳边唠叨不休。苏格拉底对此已经非常习惯了，便装作没有听见的样子坐在一旁。他老婆看他无动于衷的样子，更加生气了，破口大骂。苏格拉底依然一声不吭，他老婆火冒三丈，抄起旁边的一盆水泼到了苏格拉底的身上，并且把他赶出了家门。

邻居看到湿淋淋的苏格拉底，嘲笑地说道：“苏格拉底，你不是一个非常厉害的智者吗？那刚才你老婆骂你，你为什么不还口？”

苏格拉底一边晒着太阳，一边慢悠悠地说道：“我知道，一阵雷电之后就会有一场盆倾大雨的。”

真正的幽默，是一种智慧的体现。但是，有智慧的人却不一定懂得真正的幽默。这需要你不断地去修炼自己的说话技巧，经过长期的积累和沉淀，才能够在需要的时候将幽默表达得浑然天成。比如，你可以多读书，从书中汲取知识；你可以上网，了解网络潮流是什么，不断更新自己的“数据库”；你可以多与情商高的人交谈，学习他们的为人处世……将自己修炼成一个有修养、有气质、懂幽默的高情商之人。

第七章
防尬聊，高情商人的字典里没有“冷场”

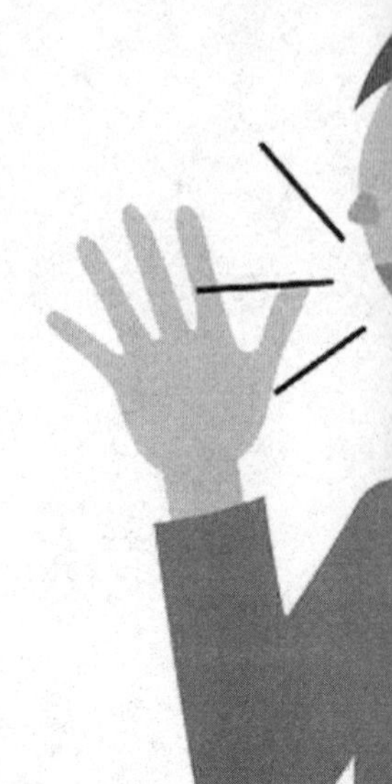

被人戳中痛处，如何回应不尴尬

陈彬正在向朋友吹牛：“我翻译的一篇文章发表了，编辑对我评价很高呢。”这时，他媳妇说：“别吹了，不就是两三段话嘛，发表到公众号上，都没人看。”

张庆的媳妇管他很严，朋友们要去喝酒，张庆也要去，一个朋友说：“老张，你就别去了，你回家嫂子该让你跪搓衣板了。”

我们都有一些痛处和短处，不想让别人知道，但有这样一些人，说话总戳别人的痛处，他们可能不是有意的，但是短处被他们抖搂出来以后，我们肯定会感觉超级不自在。

许城和几个工友聚会，正喝到高兴的时候，一个爱打听别人事的工友忽然问许城：“老许呀，半年前你和你媳妇来公司大闹了一场，是为什么事啊?”

许城本不愿意提这事，但工友问了，只能装出一副好汉模样，扯着嗓子说：“当时好几个月没给我发工资了，我跟领导要不来，我一怒，把我媳妇孩子都叫过来了，我让领导看看我家情况，我孩子有点残疾，我媳妇没工作，他不给我发工资，我咋养活这几口人?”

许城的话刚说完，另一个工友说道：“哎，当时我离领导办公室不远，我听着一直是你媳妇在吵，说你家情况不好，你可没说话。不会是你媳妇看你不发工资急了吧，就你那性子也不像是敢和领导拍桌子的人哪。”

许城脖子抽了下筋，没想到当时有人在领导办公室外面偷听。他咬了下嘴唇，举起杯酒说：“这杯酒得敬你嫂子，当时是我让你嫂子闹的，毕竟我跟领导闹的话，领导以后得给我穿小鞋。他一看你嫂子这么凶，就不会怀疑是我的主意了，还可能想到我在家里有没法说的那个——男人的通病。所以后来就很快给我发工资了。”

工友想想，确实是这么回事。

被人揭短这种事时有发生，就算别人不是故意“戳你的轮胎”，你也会感到很“泄气”，更何况有人故意拔别人的“气门芯”，这种情况更让人防不胜防。如果你本来已经下不来台了，还回应不好的话，更会雪上加霜，脸面尽丢。这时如果一笑了之，别人就会认为你很能吹，以后不会再相信你的话了；如果否认事实，情况会更糟，很可能会丢了好人缘。

所以当你想要挽救僵局的时候要切记：最关键的是不可以和揭短的人发火，这样做只会让人觉得你不好交往。

对于防止被人揭短这种事，是可以在平时做好准备的。这就需要你平时保护自己的隐私，留意自己的痛处，准备好辩解的说辞，不要等别人揭短的时候措手不及。

当然，总有人会看到你的短处，有时被人揭短也无法预料。如果短处不是很严重，而当下又没有更好的解决方式，就不妨展现自己的风度，或者坦诚相见。比如，周华强填写工作记录的时候，算错了时间，给他复核的同事看到了这个错误，就和别的同事一起取笑他，说他大学白念了，还问他是不是学傻了，周华强也不恼，说："这个错确实不应该犯，关羽大意失荆州啦，不是你看出来，我就要挨批了。"

当你面对别人揭短时，也可以用自嘲来解决。揭别人短的人不是勇者，这种人只显出自己的刻薄，而敢于自嘲的人才是真正的勇者，敢于自嘲，正表明自己有勇气面对生活，也可以让别人看出自己对友情的珍视。

最好的回应揭短办法还是幽默，这种方式很容易让你更受欢迎，也可以反过来嘲弄对方，让对方无法再提你的痛点。

著名画家张大千有一把大胡子，有个朋友就曾拿他的胡子开过玩笑。

张大千当时也不恼，给众人讲了一个故事："刘备在关羽、张飞两弟亡故后，特意兴师伐吴为弟报仇。关羽之子关兴与张飞之子张苞复仇心切，争做先锋。为公平起见，刘备说：'你们分别讲述父亲的战功，谁讲得多，谁就当先锋。'张苞抢先发话：'先父喝断长坂桥，夜战马超，智取瓦口，义释严颜。'关兴口吃，但也不甘落后，说：'先父须长数尺，伯父当面称为美髯公，所以先锋一职理当归我。'此时关公正立于云端，听完禁不住大骂道：'不肖子，为父当年斩颜良，诛文丑，过五关，斩六将，单刀赴会，这些光荣的战绩都不讲，光讲你老子的一口胡子又有何用？'"

朋友一听，马上闭了嘴，再也不敢提胡子了。

总之，无论揭短的人是不是别有用心，我们都不能坐视不理，也不能遮遮掩掩，因为"解释就是掩饰"，但更不能与人产生摩擦，人际关系处不好都是从小摩擦开始的。采取正确的姿态面对揭短，是一个高情商的人需要深入研究的技能。

和客户聊着聊着没话题了，怎么办

“经理，今天太尴尬了，我跟客户聊着聊着不知道说啥了，两个人干瞪眼，我都尴尬到脸红了，这以后有啥好方法没？”销售新手如是说。

“我今天净听客户说了，我都没话可说了，这处于被动地位可不行啊，你给支个招吧。”假如是你遇到这种情况，你会怎么办？

我们和客户聊天，有时候介绍完产品，就不知道接下来要说什么了；有时候感觉对方经理特别能说，而自己的眼界经历都没有人家丰富，发表自己的意见吧，怕对方嘲笑，不发表吧，聊天又进行不下去。看看那些经验丰富的业务人员，他们都能和对方聊到飞起。

尹剑钊是手机软件的销售人员，他正在向某企业经理钱总介绍自己公司的软件。

尹剑钊见钱总桌子上摆着几本书，都是有关互联网的，他猜钱总肯定对互联网感兴趣，就问："钱总，看您这里这么多互联网的书，您肯定对互联网有深刻了解吧？"

钱总说："现在互联网太发达了，如果不充充电，就跟不上时代了。"

尹剑钊说："是啊，现在互联网公司非常赚钱，很多行业都想转型或者借助互联网来发展自己，不知道您有哪方面的打算？"

钱总说："现在微信公众号非常火，很多企业都在用公众号推广自己的产品，我们公司也想做。"

尹剑钊说："钱总，微信公众号说好做也好做，说难也难，如果没有优秀文案手的话，阅读量上不去，就不好推广了。"

钱总点点头，说："你说得对，那你们的产品能实现我们的需求吗？"

尹剑钊十分有信心地说："我们公司的软件就是解决这方面需求的，接下来我给您讲讲它都有什么功能吧。"

接下来，他们就产品需求和功能进行了充分的探讨，并在最后加了微信，方便日后进一步加深对产品的了解。

很多新手业务员一上来就会和对方讲产品，其实，在客户没有了解产品的时候，他们对产品是有怀疑的，而且如果业务员没有弄清客户需求时就和对方介绍产品，客户会听得一头雾水，接下来即便业务员说得天花乱坠，客户也未必接受，最终必然变成一场"尬聊"。

业务员和客户聊天的目的不是仅限于推广产品、营造气氛，更主要的是了解客户需求，消除双方的距离，让客户对产品建立信任。因为销售成交的原因不是产品有多好，而是客户看到了产品可以信任，可以解决他们的需求。

因此，和客户聊天，就要找到他喜欢的话题，围绕他喜欢的话题多下功夫补充知识，力争让他觉得你见解深刻，可以深入探讨，这样就有了无数的话题。而对于普通人来说，和他聊聊家常，说说柴米油盐，或许就能从中找到可以消除尴尬的话题。

业务人员可以从以下几个方法入手，从根本上突破问题。

第一，多问多听，抓重点。业务高手都知道多问比多说有效，因为销售人员自己滔滔不绝地说，客户会非常厌烦，从而失去了表达的欲望。如果业务人员学会引导客户诉说自己的需求、关注点，再将客户需求与产品联系起来，就可以营造合适的谈话氛围了。

第二，拓宽知识面，投其所好。柴米油盐，侃侃而谈；网络电视，皆有所闻；明星体育，都有评价。在客户谈论这些时，你都能和客户聊上几句，客户自然喜欢和你聊天，又何愁找不到话题。

第三，研究客户的兴趣，尊重客户的观点。很多销售人员在拜访客户前，会研究客户的爱好，了解客户公司的工作内容和发展方向，从中找到谈话的切入点。在谈话过程中，要尊重客户的观点，不能以自己为中心，认为自己才是对的，因为在这方面争个高低只会带来尴尬。

即使遵守了上述三个说话技巧，有时还会出现和客户聊着聊着就尴尬了的现象。这个时候千万不要恋战，不要一条道走到黑，试着从客户周围发现新话题，很多客户身边会放着当前的工作、研究内容，说不定这就是谈话的转机。每个人都有被人称赞的欲望，尴尬的时候试着观察对方的衣着、身材、获得的荣誉等，从这些方面去称赞他，或许就可以让他滔滔不绝地讲述自己的经历，从而获得他的青睐。

如果实在找不到共同语言，那么只能先行告退了。但即使离开，也要留下回旋的余地，让对方有再次交谈的欲望，不能一走了之，绝了自己的后路。告别的时候你可以说："这次谈话对我印象很深，其中有几点有必要回去再研究研究，或许您的话可以为我们技术人员提供一些创意。下次再来叨扰。"

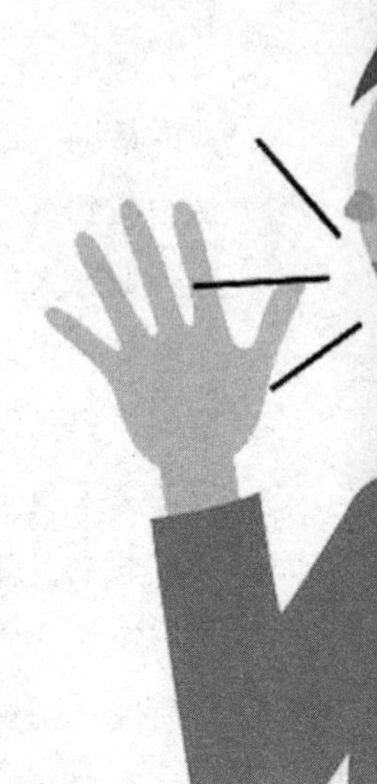

对方说错话，顺手给个台阶下

谁都难免会有说错话的时候，特别是有些人在说话时措辞不当，或者说出一些“言者无心，听者有意”的话。对此我们很可能会有强烈的反感，如果处理不好，直接指出对方的过失，就很有可能导致两人关系变僵。因此，对方说错话时，体谅理解对方的无心之过，给对方一个台阶下，是高情商的人自我“解暑”的必备良方。

林晶晶有个同事叫郭丽，是个比较直率的人，说话经常不过脑子，因此时常得罪同事。

一天，天气很热，女同事都穿上了裙子，但林晶晶依然穿着长裤，郭丽看到了，脱口而出：“晶晶，你怎么还穿裤子，你不热呀，是不是腿形不好看呀？”

林晶晶听了之后非常气恼，但她知道郭丽说话太直，也就没回答她。郭丽见林晶晶没有回答，以为她对自己有意见，只能尴尬地埋头继续工作。

“人非圣贤，孰能无过?”谁都有说错话的时候，如果和说错话的人斤斤计较，对他们不依不饶，我们就有可能失去朋友，但如果对对方的错误没有回应，就很可能让对方误以为我们对他存在偏见，或者认为不尊重他，进而发展成冷战。

其实，有的时候说错话的人并没感觉到自己的话有什么不妥，但是这句话可能就会触及对方的底线，让对方产生不良情绪。这是因为人与人之间有很多差异，对同一句话也有不同的理解，有的人听到之后，就会将别人的话无限放大，认为对方是在针对自己。也有些人在说完之后，才感觉到自己的话不很恰当，从而觉得不好意思，但是覆水难收，自己又不会救场，只能看着“剧情”越来越尴尬。

得饶人处且饶人，在对方说错话后包容对方，方是能人风度。包容别人的过失不是懦弱，也不是圆滑，而是虚心、自信的体现，把人逼到无处可逃的不是勇者，给人改过机会的才是智者。如果苛责别人，让说错话的人低头认错，这样就会赢了“比赛”，输了人缘。

情商高的人都会主动避免尴尬，在意识到对方说错话时，会给对方一个台阶下，不让对方尴尬，也不给自己增添烦恼，更能体现自己的内涵和修养。情商高的人懂得怎么接话，他们能妥当地接住对方的话头，不让对方的话落地或受到磕碰，让人如沐春风。

情商高的人面对别人的错误，有以下几种方法可以化解。

一是转移话题。这是最好用的方法，当对方发现自己说错话后，我们就采取转移话题的方法，从而转移大家的注意力，也就不会让对方难堪。当然，转移话题也是需要技巧的，不能太生硬，不然大家马上就会觉察到其中的尴尬。比如，杨阳和朋友逛商场时，他看上一款球鞋，但朋友说：“这款鞋子不太适合你衣服的风格，你穿衣服不会搭配呀!”朋友说完就感觉很尴尬，自知话说得太“硬”了，杨阳看出朋友脸上的尴尬了，就说：“那我们先看看衣服吧，我正要换换着装风格呢。”

二是幽默化解。如果对方的话不合时宜，而他自己又没有发现话里藏针，这时就可以运用我们的幽默细胞，客气地让对方明白自己的话有问题。比如，一年深秋，几个朋友去郊外游玩，一个女同事指着树上的黄叶对杜星开玩笑：“你看这叶子像不像你的脸，都是褶子。”这时朋友们听了，都觉得这位女同事太不会说话，杜星接着说：“黄叶是天冷导致的，我的脸是因为遇到你的冷空气了。你说你，天就够冷了，你还想让我再冻结实点呀？把我冻坏，没人管我，我可要赖着你了。”

三是替对方打圆场。有时候对方说的话可能得罪不止一个人，这时候就要找到有联系的话题，替对方摆脱窘境，还让别人觉得顺理成章，这是最高超的方式。

徐浅是公司年会上的主持人，在同事王绍唱完《精忠报国》之后，她本来要上台介绍下一个节目，没想到台下传来一句响亮的话：“跑调了！”

徐浅往台下一看，说话的是王绍的朋友吴佑铭，他们平时关系不错，可能是吴佑铭故意起哄，但他在这种场合说这种话有点不合时宜。徐浅忙上台说：“谢谢王绍，唱得真不错！大家觉得挺好的吧？可能这位台下的同事是专业歌唱家，要不请你来为大家演唱一首？”

吴佑铭忙说自己不会唱，站在观众席比较尴尬，这时王绍替他打圆场说：“这位是我最好的朋友，我平时练歌都是他在旁边指出我的错误，在他的指导下，我才能走上舞台为大家演唱，他不会唱，但他听这歌听了很多遍了，他很专注，每次我唱的时候，他都会沉入音乐中，仿佛身边都没人了。刚才可能是听入神了，还以为我在练歌，就顺口溜出来了。”

同情商高的人相处，会让人感到是一种享受。在别人说错话时，给人台阶下，是情商高的人流露出的智慧灵光，是他们散发出的独特魅力。有句话是这样说的："对方觉得好笑的，那叫玩笑；对方觉得不好笑的，那叫没礼貌。"生活中不乏认为自己的话很好笑的人，但话一出口，却显得没礼貌，这时心平气和地绕过这些沟沟坎坎，比理直气壮更有利于塑造一个良好的自我形象。

第一次约会，聊什么才不冷场？

约会是男女朋友交往的第一步，只有通过约会，两人才能互相增进了解。而第一次约会最为关键，往往能决定两人能不能继续交往。但是很多人第一次约会时都会紧张，不知道说些什么，不知道聊什么会让对方感兴趣，也有人因为接不住对方的话，从而失去再次约会的希望。

马思然喜欢上了同事任语楠，约她出来吃饭。这是马思然第一次和女孩约会，兴奋之余，因为不知道女孩要聊什么话题，又有些紧张。

马思然知道任语楠喜欢看《盗墓笔记》，特意将自己珍藏了好久的《盗墓笔记》地图、折扇送给任语楠，任语楠开始很高兴，问马思然是不是刚买的。马思然说是自己珍藏了好久的，任语楠有些失望，但她继续问道：“原来你也喜欢看《盗墓笔记》啊?”

马思然说：“是啊，我以前以为一般是男生喜欢看这种书，没想到你们女生也爱看。”

任语楠说：“其实粉丝大多数是女生，签售会场里都是女生。你没去过吗?”

马思然摇摇头，任语楠又问了几个《盗墓笔记》的问题，马思然回忆不起来了，任语楠说：“哎呀，看来你不是真爱粉呀。你平时看电视剧吗?”

马思然说最近没什么好看的电视剧，任语楠又问他业余有什么爱好，马思然说自己喜欢打游戏，喜欢看小说，聊到小说，任语楠也喜欢看，但是马思然喜欢看的是历史小说、科幻小说，任语楠感觉聊着很难受。

吃饭结束后，马思然要送任语楠回家，任语楠把《盗墓笔记》地图还给马思然，说：“你还是珍藏着吧，我不要，我家挺近的，不用送。”马思然感觉这次约会超级失败。

有些人约会前做了很多准备，但是在和女孩约会的过程中还是会出现尴尬、冷场，无法应对女孩抛出的话题的情况。有人说，和女孩约会就像是备战高考，你准备得再充分，女孩也会抛出几道你难以回答的问题。其实，这是男生经常犯的错，他们总以为一切都是设定好的，只要“复习”好一定的话题就能交到女朋友。情场不是考场，不是有了答题技巧就能蒙混过关的，可以说，女生的话题是永无止境的，总是能难为住那些“宅男”。

但你也不要紧张，无论女生的话题有多少，她们事后一般不会记得当时男生的回答，只会记住相处时的感觉，如果开心，她们就会答应下次继续约会，如果不开心，她们便会拒绝。因为女生更加感性，只要原则性问题不出错，对于别的问题，男生的回答是对是错她们并不是很在意，女生更注重的是和男生在一起时的感觉。

再说，约会时为什么会出现冷场。是因为自己生活经历不丰富吗？这只是一部分原因。如果你是和几个男性好朋友在一起聊天，很少会有尴尬的时候，因为大家都是男人，你积极也好，消极也好；幽默也好，耿直也好，同性之间都不太会因为彼此的性格产生不快。

但是和女生交往就不一样了，女生喜欢积极、阳光、幽默的男生，不喜欢周身散发阴郁气息的人，所以从这一点上来说，男生和女生约会就要聊一些能表现出自己积极心态、幽默性格的话题。即使答不上对方的问题，也不能沮丧、困惑。想办法让女生看到你阳光的一面，女生自然喜欢和你聊天。

当你清楚了和女生交往的原则后，接下来就要看看和女生聊些什么。最重要的当然是聊女生感兴趣的，但是都市里的男男女女各有不同，有的男生和女生没有共同的爱好，有的男生和女生虽然喜欢同一件事，但是关注点不一样，所以经常出现女生提的问题让男生措手不及的情况。

第一次约会时，如果你害怕女生不断提让自己尴尬的问题，那你就要先采取主动，问对方一些问题，比如对方喜欢吃什么，以此来确定以后约会点什么；也可以问对方上学时的经历，一般情况下，人们都很怀念上学，而且上学的时候有趣的事情非常多，这样就可以打开话题；还可以问问女生去哪旅行过，一般女生去过的地方比较多，这时就可以听女生聊了……男生在不会接女生话的情况下，介绍自己去过的地方、上学时的趣事，会让女生认为是在分享经验，从而对你产生好感。

如果是会聊天的男生，约会时不妨观察一下女生戴的饰品、穿的衣服，从她们的穿戴上来赞美她们，如此一来，她们马上就会对你产生好感。如果你有文采，见面时显露一下自己的口才，女生不免会对你心生崇拜，接下来的聊天气氛自然就活跃起来了。

别人不想说的隐私，不刨根问底

总有人有意无意之间不顾及别人的伤疤，让人难堪；也有人明明知道有些事会让人犯愁，但还要围追堵截别人的话题；更有人已经看出别人有意回避当时的话题，却仍穷追不舍。关系再好，不想透露的隐私也别问，不刨根问底就是高情商。

秦雅玲忽然结婚了，同学们都不知道她有对象，她邀请同学们来参加她的婚宴时，有一位同学也没说恭喜，上来就问："雅玲，我从来没听你说你有对象，你啥时候谈的男朋友？"

秦雅玲很幸福地说："我们相爱已经三年啦。"

这位同学说："这么长时间我们都不知道，你藏得够深啊！你们什么时候要宝宝呀？"

秦雅玲回答说暂时还没有这个打算。

这位同学又问："你有男朋友藏得那么深，有了宝宝是不是也要藏着呀？"

秦雅玲想尽快结束这场谈话，就说："你们有时间就来吧，我还要找个伴娘，不知道你们谁有空？"这位同学却马上说："雅玲，你还没回答我问题呢，你……"

在我们身边，总会有人假装表示很关心你，然后问你各种各样的问题，如果你不想回答，他们就会很生气，觉得你不够朋友，这种人其实是自己好奇心太强。

比如你年过三十，还没对象，可在人多的公众场合，就有人会问你"结婚了吗""孩子多大了"等一些让你觉得非常尴尬的问题，让你不知道该如何回答，并对他的问话产生强烈的反感。从此以后，就会想尽办法尽量避免和此种人打交道，只要有他在的场合你的第一反应肯定是一个字：闪。

再如，你工作多年，却依然领着微薄的薪水，养家糊口都有问题，可是在朋友聚会的时候，偏偏就有人会问起你的薪水。说实话吧，会让自己很没面子，不说实话，知道的朋友会认为自己吹牛皮，如果被揭穿简直想钻地洞。这样的人，肯定会让你恼羞成怒，即使有机会共事或者合作的话，我想你肯定会毫不犹豫地加以拒绝。

刨根问底的善意只会收获恶果，就像有些伤害是由爱造成的一样，虽然这种恶果不会很严重，但同样会让人不舒服，从而破坏两人的关系。刚认识的人对你刨根问底，你可能不再想和他交往；熟人对你刨根问底，久而久之，两人必然貌合神离。

别人的隐私对我们来说可能是一颗"定时炸弹"，如果他们的隐私被不该知道的人知道了，我们就有可能陷入不必要的麻烦，也许就被别人看作出卖别人隐私的"奸细"，对我们以后的交往非常不利。

别人想说的，你不问，别人也会聊；别人一时想不起的，你问了，他会和你尽情地说；而别人不想讲的，再怎么问都得不到答案。有些事情不知道也不要问，不揭别人的伤疤，控制自己，要有保护别人自尊心的意识，设身处地地为他人着想，不使人难堪。

特别是在一些人多的公共场合，绝对不可以问别人一些敏感的话题，因为那样做，很容易让别人尴尬。在问对方问题时，我们要注意察言观色，如果发现对方并没有谈这个话题的欲望，或者敷衍作答，我们就应该意识到情况“不对”了，及时刹车，不要继续在这个话题上纠缠。

我们和人聊天，最终的目的是让彼此愉快，而不是满足自己的好奇心。所以对于别人的隐私，我们要主动规避。比如，结婚、离婚、家庭纠纷、疾病等，都是尴尬话题，一谈到这些，都可能引发抵触心理。而在别人主动讲出来的时候，我们可以装作没有听到，或者只听不问，适当时候给予安慰即可，切不可刨根问底，咄咄逼人。

每个人都有自己的私人空间，每个人都不想让自己的私人领地被人侵犯，即使别人需要你的帮助，也不要穷究，用适当的方法帮他们解决就可以了。如果解决不了，也不要失去应有的分寸。你要记住，我们与人交往的目的是保持友谊，关心过度则是对别人的不尊重。

学会提问，和老板单独相处不尬聊

我们经常会遇到和老板单独相处的时候，在这种情况下，有的人不敢表达自己的意见，有的人口无遮拦。然而，这些都不是很好的交流方式。在和老板相处时，一定要尊重老板，并要学会提问，让自己表现出上进、好学的态度，从而让老板对你刮目相看。

刘湉刚入职不久，虽然工作能力有突出的地方，但是新工作还是有她不擅长的内容，特别是在和客户交流方面，她感觉明显吃力。

一天，她被领导单独约谈，领导问她工作是否适应，刘湉说自己和客户沟通方面存在问题，领导很耐心地为她讲解了几个需要注意的点，刘湉只是不断地点头，并一直说："哦，明白。"

领导讲完，期待地问她还有没有什么问题，刘湉想了想，感觉心里还是有疑惑，但是无法形成清晰的思路，只能和领导说暂时没什么问题了。领导只好说："有什么问题，随时找我吧。"

职场上，我们经常会遇到各种问题，需要向领导求助，或者是领导单独找我们聊工作，聊薪资等，这时我们不能一味地说："好的，明白。"我们要学会提问，因为会不会提问影响着领导对你的印象。会提问的人可以得到领导的赞赏与指导，还会让领导认为你追求进步，值得好好培养。不会提问的人会让领导认为你不善于思考，不动脑子，难以托付重任，无形中就把自己的前途走曲折了。

怎样向领导提问，需要你不断地学习思考。经职场高手总结，向领导提问可以遵循以下几条原则：一是从领导的位置出发，要有全局意识，提一些关乎公司利益的问题，不可以问低级的问题；二是避免提领导不关心的问题；三是提一些关于公司弊端的问题，或者是领导没有重视的问题；四是态度要端正，要尊重领导，奉承领导不能太过。

职场如战场，和领导谈话也需要讲究"兵法"，要把"排兵布阵"做在平时，这样才能在"上阵对垒"时有备无患。这就是说，平时要思考工作上的关键点，要厘清自己擅长之处和懵懂之处，做到心中有数，方能与领导谈话时有的放矢。

提问题时，要展现自己积极的一面，让领导认为你充满斗志。比如，王磊刚进包装车间上班，他问领导："咱们这个是算绩效的，包多少就给多少工资，我想问一下，假如我包了三个人的量，是不是我就能拿三个人的工资？"领导听了，认为他敢闯敢干，有一股拼劲。

提问薪资问题时，最好不要提自己的生活水平，因为领导看重的是工作能力，这个时候可以从公司角度来问，比如可以问领导对自己有什么看法，请领导对自己的优缺点做一番评价，或者问自己有哪些需要改进之处，或者自己与过去相比有哪些进步，这样先让领导衡量一下你的能力的提升幅度，再去谈工资。

对于公司存在的缺陷，要迂回提问，或者问领导公司的某些方面是否有进步空间，特别是在提的问题可能得罪公司其他人的情况下，更要讲究策略。比如，赵海峰对公司的管理体制有不满意之处，领导找他谈话时，他问领导："我上家公司的管理比较慵懒，这就造成员工没有积极性，我相信这种状况在很多公司都存在，咱公司如果出现这种状况，您觉得有什么办法可以改善吗？"领导刚开始没反应过来，稍一琢磨，忽然从椅子上坐起来了，高兴地说："很好呀，你看，我就觉得你是有前途的。"

公司就是江湖，职场就是高手过招，和老板、领导谈话就要做好各种准备，准确、灵活地向领导提问题，才能见招拆招，打开自己的职业前途。特别是一些老板比较喜欢崇拜他的员工，这个时候向老板提一些专业问题，可以让老板分享自己的经验，而且可以表现自己的好学。

陶聪是做研发的，老板比较欣赏他。

有一次老板找他聊天，无意中谈到研发部的几种药品，陶聪知道老板以前也是做研发的，一直以自己以前的工作为骄傲，等到老板谈话停顿之后，他就马上向老板提出自己的问题："关于这里面的药品，我曾经也研究过，但是没有太多经验，正好您提到了，我想好好听听您的高见，补充一下知识。"

在一家公司，老板或者领导会经常找员工单独谈话，这种时候往往是员工表现自己的时候。因为员工平时都在忙，领导只能看见大家都很努力上进，而一个人是否有更高的能力，只有通过单独谈话才能够体现出来。在单独谈话时学会提问题，就会获得领导重视，并让谈话活跃起来，让领导觉得不是在和你"尬聊"。

被人表扬，该怎么回应？

获得别人表扬是很常见的事情，通常我们会说“谢谢”等以示感谢，或者谦虚地说“您过奖了”。不过，在不同的情况下，如果只简单地说“谢谢”“您过奖了”作为回应就会略显单薄，显得回应得不走心，而且有些情况下，这些回应无法促进交流。

有一位说话爱伤人的女孩因为不会说话得罪了很多人，其实她也不想这样，她问一位销售朋友怎么在被表扬的时候表示感谢：“姐呀，我特别不会说话，上次有人表扬我，结果我却惹他生气了，你教教我怎么回应别人吧。”

销售朋友说：“你这么漂亮，说话伤人也没大事，事情过去了，别人只会惦记你这个大美女，不会把你的话记在心上的。”

这个女孩说："怎么会，我都得罪很多人了，您可别看我笑话了。"

销售朋友说："你看，我给你机会，你自己却抓不住。我夸你是美女，你却没有感谢我，这个时候你也应该夸我是美女是不是？但你却说我看你的笑话，唉。"

由此可见，我们有时会注意不到别人的表扬，有时被人表扬后也可能做出错误的回应。所以说，懂得如何回应表扬真的很重要。当然，回应的技巧不是能轻易掌握的，它需要我们注意听别人的话，洞察别人的心思，然后谈话要引起对方进一步交流的兴趣，这样才能给人良好的印象，将谈话愉快地进行下去。

有一些人天生比较腼腆，总是不好意思与人交流，面对别人的赞扬时，内心想表达感谢，但是说不出口。对于这种内向的人来说，最好的解决方式就是多跟人交流，练习主动赞扬别人，在赞扬别人的同时，留意别人是怎么回应你的，勤加练习就能改善。

回应表扬的最基本的方式是说"谢谢""您过奖了"，如果我们无法立即想到更好的回应方式，这种办法也可以避免尴尬，要不表扬你的人会觉得自己在和你"尬聊"，这也是对人最起码的尊重。

在某些情况下，例如，被领导表扬之后，如果我们只说"谢谢"，就会显得对领导的表扬不太重视，这时就要说一些赞美对方的话，比如，我们可以说："都是领导栽培得好，没有领导您的辛苦指导，哪有我今天的成绩。"这样说既表示了感谢，又肯定了领导的辛苦工作，顺带表明自己的成绩和领导密切相关，这样的下属才能让领导喜欢。

有时别人表扬我们是有企图的，如果我们感觉到对方想从我们这里获取利益，可以对他的表扬略加调侃，比如，我们可以说："你把我夸得太好听了，你不会在打我的主意吧？不过，我喜欢。"

如果我们受到的表扬和实际不符，也许对方只是出于客套，而非有意抬高你，这时只要简单回应就好；但是，如果对方是有意抬高你，就要注意了，要看看他用意何在，以免自己吃亏。比如，田伟刚进商场，就有个美女上来搭讪，说："帅哥，你好高呀，而且你的身材很不错，你是天生的吗?"田伟看看这位美女，猜她应该是男装店的老板娘，而自己并不买衣服，就回答说："我生下来当然不是这样的，我爱人在后面呢，她醋劲大，让她看见我和美女搭讪，她该掀房顶了。对不起，我先走一步了。"

《心花路放》上映后，黄渤成为重量级演员，有记者在采访黄渤时，表扬黄渤的表演功力，并问他葛优是不是要被他取代了，他是不是要成为新一代"喜剧之王"了。

黄渤说道："这个时代不会阻止你自己闪耀，但你也覆盖不了任何人的光辉。因为人家曾经开天辟地，我们只是继续前行的一些人；人家是创时代的电影人，我是晚辈，不敢造次。"

这个回答让广大网友非常赞赏，认为这是回应过度赞美的模板。很多人面对这种有意刁难的赞美之词不知所措，或者贬低自己，但黄渤既肯定了自己，又承认了别人的成绩，既不会得罪前辈，也让别人找不到"可乘之机"。

情商高的人都有足够的自信，他敢于回应别人的赞扬，换句话说，情商高的人会主动向对方表示感谢。只有掌握了主动权，才能把说话提升一个档次，并让对方看到：我的眼里有你。不过，一般情况下，不要把回应感谢这种平等对话变成讨好，这样不仅会降低自己的尊严，还会让对方认为你配不上这种赞扬。

假装没尴尬，继续聊

有人对你说：“你的薪水好低呀，连自己都养活不起。”此时你一定会很尴尬，但你又不想破坏聊天的气氛，你该怎么办？

约女生出来讨论工作，女生当着很多人大声说：“我的天呀，你怎么连这都不会！你这个做得太难看了！”此时你一定觉得没面子。

我们都有遇到难堪局面的时候，遇到这种情况，不说话会冷场，说了话又怕对方揪住不放，进退维谷。高情商的人对此总是有许多应对方法，避免自己尴尬，也不让对方尴尬，让聊天顺利进行下去。

在第50届金马奖颁奖典礼上，黄渤的穿着被主持人郑裕玲调侃道：“你怎么穿着睡衣就来了？”

台下的观众听了之后都比较尴尬，都直愣愣地盯着台上的两人，现场气氛一度很尴尬。

黄渤笑笑，说："你五年没来，而这五年我都来金马奖，我已经把这里当成自己的家了，在家里当然穿得随便点了。"

台下观众马上爆发出一阵掌声。

在日常交际中，经常有人不顾及别人的面子，说出一些令人难堪的话，这时，如果我们急于摆脱尴尬，就会陷入对方布下的"圈套"。其实，我们只要掌握几种方式就可以轻松化解危机。

一是假装没听到。面对对方的无心之过，我们不必较真。你要知道，同事在一起共事，难免会有磕磕绊绊，有些人心直口快，难免伤人。我们"得饶人处且饶人"，不要纠结于对方的无心之失，可以换个话题或者假装没听到对方说错的话，继续往下聊。对方就会察觉到自己说错话了，从而会对你的"置若罔闻"心怀感激。

二是重组对方的话，缓解气氛。这种方式是最好用的，我们可以将对方的语句重组，或者改变其中几个字，或者利用谐音，将"尬聊"变成一场趣味谈话。比如，郝少亭和中文系同学聚会，同学问他在做什么工作，他说在写武侠小说。一个同学说："现在武侠不是那么火了，普通人写的根本没人看了，你怎么啥凉写啥？"郝少亭笑着说："不是啥凉写啥，我是写啥啥凉。"

三是自嘲一下。自嘲也是一门艺术，能够应对交际中的各种尴尬，不仅可以不伤对方的面子，还可以得到别人的称赞。特别是在有些人有意为难你，让你下不来台的时候，幽默一下，打个圆场，就可以轻松破冰。比如，陈释的牙长得不好看，公司里有个人看着他的牙，很不舒服，就说："你的假牙该换了。"一句话虽然把同事逗乐了，但是尴尬并未解除，陈释知道如果不做出回应，自己的形象就可能发生微妙变化，于是坦然地说："这牙可不能换，我的牙可是世界上有名的国家。"同事问他是哪个国家，他说："西班牙。"

四是"顺坡赶驴"。与人交往的过程中，人们既不能得罪对方，也不能丢掉自己的尊严，因为很多人喜欢得寸进尺，你一次没有做出回应，就可能还有下次，这个时候就应该顺着对方的思路，让对方挖苦自己的话“报应”到他自己身上，就更有出其不意的效果。比如，几个同学在吃饭时，张诚想起自习时的事了，就挖苦李倩说：“哎，那个何兵上自习的时候对你唱《千年等一回》，我们可都听到了，他把你当成白娘子了吧？不过表白没选对地方啊，你们应该去断桥上唱啊。”当时，李倩在何兵的前面坐，已经被何兵烦透了，但她顺着张诚的话说：“他哪是对我唱的，分明是对你唱的，谁让你把他的白娘子关在雷峰塔下面了，你是不是动了凡心了？你不是看破红尘了吗？需不需要姐帮你介绍个对象啊？”几句话把同学们都逗笑了。

当然，上面的方法可以结合起来使用，特别是在恋爱时，一方经常会让另一方觉得尴尬，这个时候装作不尴尬，继续聊，不仅不会僵化彼此的关系，还会制造一些小浪漫，让彼此更和谐。

方伟和女朋友逛商场，女朋友因为方伟没看出她买戒指的想法，大声对他说：“人家老公都挺帅，就你长得那么丑，你还看不出我的心思，我真是看走眼了。”

说得方伟的脸一阵红一阵白，真想扭头就走，但他想了想，对女朋友说：“我长得丑，才能死心塌地挣钱。挣钱不都是给你花嘛，你跟我说想要什么，我都给买，因为我只宠你一个，我今生也赖定你了，我这方面迟钝点总比那些见一个爱一个的花心萝卜强吧？”

在交际中，怎么破解尴尬的局面要看实际情况，如果装作没听清、不接话对双方都有利，那你就最好不作反驳。如果不接话对自己没有好处，就要装作没感觉到尴尬，接着对方的话发表自己的看法，从而维护自己的尊严。

遭遇刁难，巧妙化解

生活中，每个人都可能会被别人刁难，就像是明媚的天空忽然落下暴雨，让你猝不及防。特别是有人想刻意刁难你时，就会在几个问题上纠缠不休，这个时候可能你恭维别人、机智回答都不能让人满意，因为对方可能已经对你形成成见了，认为你的缺陷太大。

马云曾经问过黄渤一个非常难以回答的问题："能不能免费给我代言？"

这句话开玩笑的成分比较多，但是非常考验黄渤的情商。马云作为商业领域的领军人物，当然不会缺请明星代言的经费，而黄渤也有他的经纪公司，为别人代言不是自己说了算的。

面对马云的刁难，黄渤却说了一句让人摸不着头脑的话：

“我要一辆车就行。”

这句话让旁边的人疑惑不解：黄渤要的是什么车？所以马云就问道：“什么车？”

黄渤回答说：“一辆帮我清空购物车的车。”听完这句话，旁边的人都乐了，这种以玩笑回应玩笑的方式不仅有礼貌，还让整个氛围变得更加和谐。很多网友都夸赞黄渤的情商，称这是教科书式的回答。

面对刁难，我们的情绪肯定会变糟，所以调整情绪是关键。普通人没有经历过专业训练，所以不要急着说话，先冷静下来，给自己两三秒时间调整心态。特别是在人员较多的场合，有些人想看你出丑，或者想推卸责任，让你来“背黑锅”。你越是失态，就越可能损害自己的形象，甚至可能会给职业生涯造成很严重的影响。

有些刁难别人的人，他们的故意刁难也许并不是冲着你来的，也并非认为你有哪方面的缺陷，他们可能是在试探你、磨炼你，想看看你承受压力的能力，想让你尽快提高能力。这时如果你处理不当，不能让自己保持情绪稳定，或者不能做出机智的应对，那么他们就可能会认为你在类似情况下同样不会有良好的表现。

如果别人的刁难难以执行，就要拒绝，不过，拒绝也是要讲究技巧的，不能强硬地说：“不行。”要委婉地表达自己的态度，让别人看到你非常有尊严，也看到你非常有容人之量。比如，王勇在工厂工作，有个同事因为背后有领导撑腰，经常指挥别人帮他干活。一天，王勇正忙着自己岗位上的工作，这个同事扯着嗓子让王勇替他干活，王勇拒绝道：“领导让我过一会儿汇报工作呢。现在正是要紧工作，我忙完了帮你，现在实在抽不开身啊。”

有的时候顺着对方的刁难反问他同一个问题，或者绕到另一个问题上，或者故意曲解对方的问题，看对方如何回答，这样就会把尴尬化解于无形。比如，某时装公司找模特代言产品，模特公司派出了其貌不扬的宁晨，时装公司想换人，就刻意刁难宁晨，说：“你的形象能让我们盈利吗?”宁晨反问道：“那请问，你们的时装能让我更加出众吗？如果能让我穿出都市丽人的感觉，你们的产品不是更会大卖吗?”

如果有别人在场，而且这个人和你的关系又很不错，这个时候可以把刁难抛给他，让他帮你解决。比如，有一次谢娜和女嘉宾撞衫了，身为主持人，和嘉宾撞衫是非常尴尬的，谢娜就把这个问题抛给了何炅，问他谁比较好看，何炅机智地先对女嘉宾说：“你比较好看。”然后又和谢娜说：“你的好看跟衣服无关。”

当然，生活中的刁难千变万化，应对办法也不止以上这几种，想要化解这种难题就需要超高的情商了。面对突发事件，高情商的人就可以调整状态，随机应变，巧妙化解极其复杂的刁难。

何炅是湖南卫视的著名主持人，不管遇到什么样的刁难都能巧妙应对。

在一次颁奖典礼上，大屏幕上少了一位获奖者的名字，当时不知道是因为工作人员疏忽，还是系统出现错误，但这个事故引起了现场人员的一阵哄笑。在场的主持人都不知道该如何解释，舞台上的气氛非常尴尬。

何炅马上有了应对办法，他说：“我们除了有高科技手段外，还有最原始的。”说着，把写好的名单递给了颁奖老师。节目接着就顺利进行了。

刁难，总是来自强势、强权或者意外，我们如果有所顾忌或者缺乏准备，就会无法应对。所以最根本的解决办法是平时多多磨炼自己，不要临阵磨枪，还要修炼自己的心，不要心存畏惧，不要软弱。如履薄冰、如临深渊，才会受制于人，受人刁难。

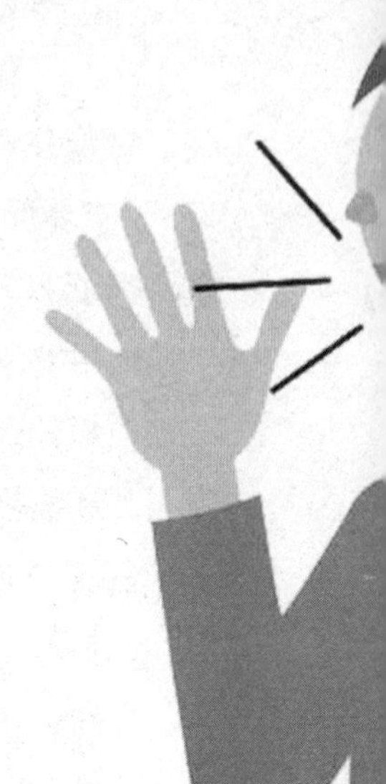

遭遇敏感话题，机智回应情商高

30 岁了还单身，回家就遭遇七大姑八大姨的审问："你怎么不找对象啊?"终于有对象了，又被追问："准备啥时候结婚啊?"

离婚了，走到哪里都被关心："好端端的怎么离婚了?""再找一个吧，哪怕有孩子呢。要不我给你介绍一个，要不下半辈子太孤单了。"

我们都有一些不愿意回答的问题，但总有人很"热心"，非要纠缠于这些问题让我们尴尬到爆。他们问这些敏感问题是出于他们所以为的关心，但他们不想想别人能不能接受。而我们被问之后，情绪肯定会很糟，但又不能给别人的好心泼冷水，这个时候如何应对这类问题才能显出一个人的情商?

昆凌曾说过要在 25 岁之前生三个宝宝，所以在她出席记者招待会时，有个记者就问到了这个敏感问题。昆凌回答说："现在还没有怀孕。我们现在规划30岁以后才要再生，现在一男一女刚刚好，如果这一辈子也就这两个也很好。”另外还表示自己生完两个孩子后，体力损耗很大，现在急需调理，这是周杰伦和她商量好的。

昆凌的回答非常谨慎、非常有智慧，称得上是教科书式的回答。

被人问到敏感问题的情况时有发生，因为这种问题是对方出于关心才问的，我们不能得罪对方，回应这种问题的方式要合理，要在维护关系的基础上作答。不然，对方肯定会认为你不好交往，会认为他的一片好心没有好报，逐渐地就会疏远你。有的人还可能和别人谈论你的不近人情，渐渐地，大家就会孤立你。

所以说，当你面对敏感问题时，既要维护自尊，又要处理好彼此间的微妙关系。那么，怎么机智回应才能摆脱困境呢？下面介绍的这几种方法可以多加尝试。

一是诚恳以待。如果是亲朋好友问你一些敏感问题，你就可以诚恳地回答他们你的想法。有时候他们会不理解你的想法，诚恳的回答可能会引来责备，这时就要找一些客观的理由，让他们知道你有很多顾虑，有很多难题。

二是含糊回答。有时诚恳回答不会收到很好的效果，就要用含糊其词的方法。假如对方的锋芒尖锐无比，迎面而上肯定自讨苦吃，不妨用模棱两可的语句来抵挡。比如，张昭和朋友程宇有多年没来往了，别的朋友问他：“怎么不见程宇了？你们以前不是形影不离吗？闹矛盾了？”张昭说：“我们现在各忙各的，没太多时间见面了，人到了一定年纪来往就少了。”

三是转移话题。有些敏感问题十分让人头疼，无论怎么回答都不能让对方满意，不妨“明修栈道，暗度陈仓”，毫无征兆地把话题引到另一方面去。比如，唐盈盈一直单身，一天，她的朋友秦语菲听说唐盈盈和一个帅哥逛街去了，就问她是不是真的。唐盈盈回答说：“帅哥确实有，但你猜我们怎么认识的？”然后唐盈盈说自己当时手机没电了，恰好遇到这位帅哥有充电宝，就借他的充电宝充了会儿电，然后就问秦语菲充电宝什么牌子的不错，手机电池要去哪换，一句也不提那位帅哥了。

四是转嫁危机。被问到敏感问题时，如果把难题甩给别人，就可以金蝉脱壳，保住自己的阵地，这个办法在提问的人别有用心的情况下特别有效。

董雪晴是某演艺公司知名花旦，人长得漂亮，说话得体，穿衣也时尚，公司里的男演员们都想和她一起演出，而女演员们都忌妒得要死。

一次，董雪晴和公司里的几位男演员到某地登台演出，几场热舞下来，得了个满堂彩，公司里同行的一名女艺人看到她在舞台上大出风头，妒火中烧，趁她中场休息时，假意和她道喜，问她："刚才看你跳得那么好，真是羡慕，妹妹你什么时候也教姐姐跳几个舞步呀？"

董雪晴喜滋滋地感谢她的祝贺，并表示以后会给她讲一些基本动作，把自己平时学习的舞蹈视频借给她看，但这位女艺人意不在此，又问道："刚才看你跳舞时，和他们男演员贴在一起，这个好难学呀，你跟他们练了好久了吧？看着这么多帅哥在你身边，有没有心动呀？"

董雪晴依然开心地微笑着，回答说："这个问题要问他们了吧，毕竟男性心动的可能性更大呀。"

情商高的人对敏感问题都会有应对办法，因为社会本身很复杂，有些人是不是真的关心你很难说。如果人家真的关心你，你却冒犯了人家，只能把自己的路走死；而如果有人假意关心你，其实想侵犯你的利益，你却没有看出来，就会让自己吃亏。所以，回应敏感问题一定要小心，能迂回就不直接回答，能避开就不要硬着头皮自讨苦吃。

与长辈网上聊天的正确打开方式

给妈妈发了个黑人哭泣的表情，结果妈妈问：“这是谁？你啥时候认了个黑种人？”

奶奶看到关于小龙虾的文章，转发给孙子，孙子发了个女孩捂脸的表情，奶奶问：“这是你女朋友？什么时候搞的？快领回来看看。”

步入网络时代，父母们和孩子的代沟越来越大，这在父母和子女的网络聊天中体现得特别明显。父母和子女聊天，最不懂的就是网络语言，而层出不穷的表情包更让家长和孩子无法好好交流。

马思思给母亲备注的微信名叫“马女士麻麻”，这天早晨，“马女士麻麻”给她发了一个表情，上面的文字是“照顾好自己”，图案中心是两朵粉色的荷花。

马思思伸了个懒腰，见这么“老土”的表情，眼角眉梢不禁流露出一丝笑意，她回复她的妈妈说：“知道了，麻麻，你的表情包要不换一换？”

“马女士麻麻”回复她：“‘麻麻’是什么？这个表情不好吗？”

马思思说：“‘麻麻’就是妈妈的意思，网络用语，我们年轻人都这么用。”

“马女士麻麻”回复：“不好，这两个字多不好，看了感觉麻酥酥的，你们年轻人怎么老是想不好好说话。对了，昨天我看见一个说小龙虾有毒的，我给你发过去，以后可别吃了。”

马思思又是一笑，说：“您又上当了，不过您先发吧，我晚上和您说这是骗人的。”

到了晚上，马思思和“马女士麻麻”聊天，说：“您这几天都在玩微信呀？我看您给我发了好几条，这几条可都是谣言，以后见了这些不要相信，我给您看看正确的内容。”敲完字，马思思就给“马女士麻麻”发了几条辟谣的微信文章。

“马女士麻麻”看了也不信，说：“这个有人说有毒还是不要吃了，万一真有呢。你们年轻人就是不听老一辈的话，真出了事可咋得了。”

马思思看后发了个裹被子的表情，“马女士麻麻”说：“你冷呀？你那多少度？”

马思思解释说：“不是的，麻麻，这是我们年轻人用的表情，表示我们暂时想不出话来。我这里不冷，家里可暖和了。”说完就拍了张照片，发了过去。

马思思知道父母对关于小龙虾的传闻都是“宁可信其有，不可信其无”，无论她说什么母亲都不会相信。她想了想，说：“麻麻，小龙虾的文章以后不要给别人发了，这个文章出来已经好多年了，人们都看过，我从来不吃，我不爱吃。那些文章不是专家写的，现在是个人就能写。他们写东西没有责任感，今天说小龙虾有毒，明天说鸡肉猪肉不能吃，他们跟骗子一样。有时候这些文章里面真有可能会诈骗的，他们骗的都是您这样的中老年人，因为您见得不多，您要是上当了可咋办?”

马思思的妈妈最怕的就是骗子，一听有骗子，立即提高了警惕。

表情包让青年人找到了乐趣，却让父母们难以和孩子良好地进行沟通。“社交障碍”人群认为，网络是他们平等沟通的平台，表情包是他们语言匮乏的“解药”，接不上话、语言不够表达的时候用上一个表情，就足以让对方明白自己想要表达的意思。

但这却苦了长辈，他们要不就是看不懂，要让对方解释是什么意思，要不就是误解了含义，以为孩子在骂人，从而对孩子一番责骂。当然也有长辈会用表情包，不过，由于审美不同，他们常会用一些风格复古的表情包，即“中老年表情包”；也有一些父母会用新潮的表情包，但因为和他们的身份不符，看起来相当不可思议。

表情包的使用与年轻人求新求异的心理有关，也和媒体的推动有关，这样就让年轻人和长辈在表达方式上的距离越来越大。但是，表情包永远在变，不变的是父母对子女的关切。有人说：“网络聊天对长辈都是新事物，但他们为了和我们沟通，还是克服了种种障碍，因为这背后都是对子女的关爱。”

有人说，很多父母学会用微信后，给子女转发的文章大都是有关健康、孝顺的，虽然里面很多是谣言，但是络绎不绝发过来的是他们的爱，爱是不能被批评的。当我们批评长辈无知的时候，想一想，我们是不是也缺少了某种东西？长辈成长于信息不发达的时代，对于信息爆炸的数字时代难以充分适应，而我们成长于新世纪，沉迷于声光电之中，却缺失了包容关爱家人的能力。

所以，与父母网上交流的正确方式是，耐心给父母讲解新事物的含义，讲解谣言的毒害，帮助父母增长见识，提高他们的辨别能力，多用文字聊天，少用新奇的表情包，分享自己的知识，关心父母的健康。

父母虽然开始接触网络了，但他们对网络不是很熟悉，对网络消费不是很接受，非常害怕自己的利益受损，也害怕遇到网上的骗子。子女如果怕父母不小心中了骗子的招，要提醒父母提防网络诈骗，告诫他们尽量不触碰未知的东西，虽然多数软件比较安全，但是利用正规软件诈骗的案例也不少。子女应多给长辈讲解骗子的惯用伎俩，让他们安心地在网上进行交流。

第八章

句句暖心，让失意者满血复活

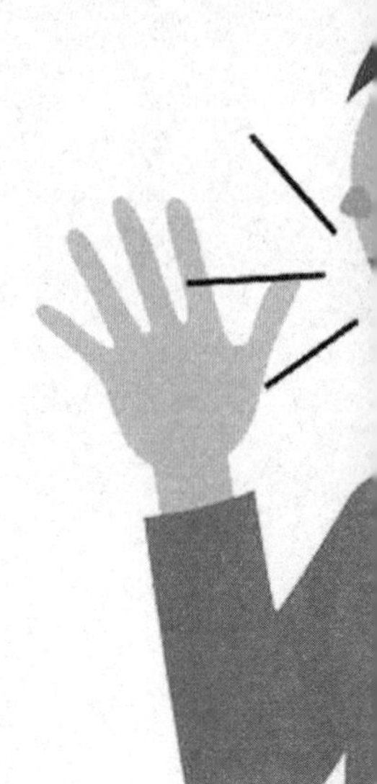

对错不重要，温暖才重要

如果有人这样安慰你说：“他也不是刻意针对你的，你要体谅别人，要学会理解别人。”你是不是感觉还是无法消除负面情绪？

还有人会说：“其实不怨你们领导，你不应该犯这样的错，工作上多努力，以后就不会挨骂了。”你会不会感觉很无助？

换位思考一下，如果你也这样安慰人，别人也会觉得你情商不够。其实，最无效的安慰方式就是给人讲道理，虽然你掏心掏肺讲了一大堆理论，但是别人心情并没有好转。并不是别人不知道这些道理，而是他们需要温暖，需要同情，需要你理解他们的感受，有时候，摸摸头、一个温暖的拥抱都胜过一大堆道理。

郑小悠和男友分手了，她和闺蜜伤心地倾诉她和男友间的一切。说到男友和她的矛盾时，郑小悠忍不住哭泣起来，她说男友虽然不是渣男，但是经常会做出让她很生气的事。

因为她比较大大咧咧，经常丢东西，她的男友就会责怪她，她想再买新的，男友就会说："买什么买？买了你也是丢，白花钱。"最过分的一次是她觉得被人欺负了，打电话和男友哭诉，结果男友正在忙，把电话挂了。

闺蜜一直在旁边认真地听她诉说，不时地抱抱她，最后闺蜜让她靠在自己肩上，轻轻地拍着她的背。郑小悠的泪水流到了闺蜜的衣服上，心里有一丝歉意，但是她感觉好多了。

情商高的人对别人的感受有很敏锐的洞察力，并且有很多解决办法，因此，他们能让人感觉很舒服，交往起来没有压力。情商高的人，在别人生气、难过的时候，懂得示弱，懂得安抚其情绪，特别是对于女生来说，温暖的手和拥抱有着爱的力量。

人们在和别人抱怨的时候，很多情况下只是想发泄一下情绪，只是想说几句矫情的话，这时，说几句暖心的话，抱抱他们，就可以让他们的情绪随风而散。有人说："被抱住的感觉太好了，就像是晒着阳光、沐浴春风一样，温暖而又惬意。心情不好的时候有人这样对我，我的坏情绪都会烟消云散了。"

无论是朋友还是爱人，他们愿意互相交往一般不是利益使然，而是因为在一起聊天、娱乐时感觉舒适。所以说，朋友难过了，别为他分析原因，要安慰他的情绪；女朋友生气了，别指出她的错误，要顺着她。有人说："我千错万错，都不愿错过你。"也有人说："谁惹你生气了？不管怎样，我都支持你，全心全意保护你。"他们这样说的时候，对方肯定会认为在冰冷的城市里遇到了温暖。

人是感情动物，在感情面前不要谈对错，因为感情与对错毫无瓜葛。每个人都有情绪泛滥的时候，这个时候他们知道根本没有解决办法，不想探究谁对谁错。所以你不要帮他分析原因，因为光靠嘴说说的话根本解决不了问题。要么你先帮他把问题解决了，再和他谈道理，这样他的情绪才会平复。要么，就按照以下方法来安慰别人的情绪：第一步，理解对方情绪，倾听对方的诉说，也可以引导对方倾诉自己的遭遇，可以采用“陈述句+问句”的方式，比如：“好突然呀，我都没法接受，他是怎么说的?”第二步，给予对方情感支持，比如拥抱对方，和对方说：“我在你身边，我支持你。”第三步，等到对方情绪稳定了之后，转移对方的注意力，可以幽默一下，提议和对方逛街。

小雅进了设计部之后，领导给她讲了一遍就让她自己做海报。她做完发给领导让领导看，领导认为问题太多了，都是些低级错误，就责备小雅，说：“我讲的你都记住了吗？怎么犯这种错？这根本不能用，白做了，不会你倒是问呀！”

后来小雅又犯了几次错，领导认为她或者是能力不够，或者是不适合这个岗位，扬言说：“我给你的机会够多了，我说的话你往心里去了吗？再犯错可别怪我没给你机会！”

小雅回到家就哭了，她老公看到了，忙丢下手里的炒勺，问她怎么了，她说让领导凶了，她老公搂着她说：“她为啥凶你？我媳妇哪点不对，至于把我媳妇骂哭了吗？”小雅紧紧地靠着她老公的肩，抽泣着把上班的事一五一十地说了。

她老公听了，骂了她的领导一句，和小雅说：“想哭就痛快地哭吧，我是你最坚强的依靠。如果你想安静一会儿，我就安安静静地抱着你。我知道这个时候咬人最解气了，我把我的胳膊给你，使劲咬吧，就当这是你的领导。”

她老公边说边把胳膊伸到小雅的嘴边，小雅一听“领导”两字，情不自禁地咬了下去。痛得他老公使劲搂住了小雅。小雅看着咬的牙印，心疼地说：“没事吧？我给你拿药去，你怎么让我咬你啊。”

她老公抱着她不让她去，说：“没事，我还要发朋友圈呢，这是我亲爱的今年给我的最贵的手表。”小雅破涕为笑了，轻轻捶着她老公的肩，说：“看把你臭美的，今生有你真好。”

安慰别人，不是给别人讲谁对谁错，有的人明明知道谁是对的，但他不会支持对的，而是支持需要安慰的人。这不是他们糊涂，而是他们知道怎样去爱人，因为有时候，对错不重要，温暖才重要。只有在感情里柔软下去，情商才会真正地成长。只有恰当地安慰别人的情绪，才能收获和谐。

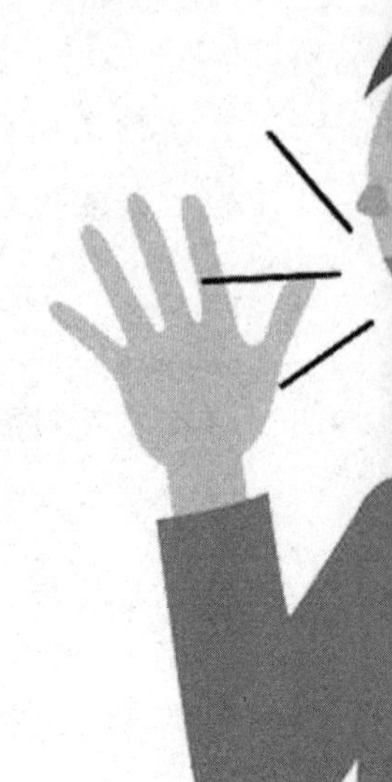

说话分场合，安慰见情商

生活中经常有人会在安慰别人的时候讲述自己遇到过的一些事，让他看到希望，看到情况还不是很糟糕，从而让他忘掉悲痛，满血复活。

赵青松创业失败了。他在比较繁华的路口开了一家饭馆，刚开始生意很红火，可是好景不长，一年后，附近的居民区要征地兴建楼房，很多人都搬走了，他的饭馆没几天就冷清得连只苍蝇都不想往里飞了。他叹了口气，只能关门大吉了。

赵青松在家闲着很难受，就想找大学同学聊聊。

几个人一落座，赵青松就倒起了自己的苦水。说完后，他上学时一个宿舍的同学老张说："老赵呀，这几年不见，你知道我过得咋样不？"

赵青松说："对呀，老张，我听说你早就创业了。怎么样，现在做得很大了吧？唉，我不如你呀。"

老张说："老赵，我这几年创业三次，黄了三次，本钱赔了不少，欠了一屁股债。"

赵青松惊得嘴都合不上了，说："不是吧，我看你这么有劲头，怎么会……"

老张说："人哪，得满足，想想自己老婆孩子。我媳妇看到我生意失败，没有抱怨，天天处理家务不说，还要帮着我挣钱还债，换成别人早跑了。我的孩子也要上高中了，我要是倒下，家里怎么过呀？你呢，也别太消沉，日子还得过，别让这点事影响了家。"

看到别人比自己的情况还糟，人们就会产生一种安慰心理，这其实是一种本能的调节方式。根据这种心理来安慰别人，可以讲述自己的悲惨经历，让对方感觉自己的经历真的"不算什么"。当然，也可以让对方意识到，除了这件事之外，生活中还有很多值得珍惜的东西。

因为人们看到别人也有类似的经历，就会感觉有了同行的伙伴，再看到别人所受的痛苦更深重时，就会感到自己还有希望，就像一个人走进一间没有亮光的地下室，越往下走，越感觉恐惧、没有希望。如果有人在他的下面走，他的恐惧心理就会减轻，甚至消失。如果让他回头看看他的家人、朋友在亮处等他，他肯定会毫不犹豫地回到他们身边。

有的人在别人诉说悲惨经历时，会打断别人，并说："我比你还惨。"这种方式更让人难受，不仅起不到安慰的作用，还可能造成两人的隔阂。如果你想要避免这种误区，就要走进别人的心里，体会他受到的打击，然后找到自己遇到的类似悲惨经历，组织好合适的语言，再去安慰他人。

说话分场合，安慰见情商。不分场合、不看事情来龙去脉地安慰人，虽然是善意的，但戳着别人的痛处，很难让人接受。所以说，安慰人也要具体情况具体对待，比如，有人失恋了，就最好不要用这种方式安慰人，因为失恋的情况各不相同，你的悲惨不一定能抚慰别人的伤痛。

很多时候都会听到被安慰的人说："咱们情况不一样。"其实，这种安慰方式在当事人没有过类似的悲伤体验的情况下用得最为普遍，因为这种情况是他第一次遇到，完全没有经验，这时听到别人的情况比他还糟糕，而且有解决的办法或希望，他就会豁然开朗、振作起来。

小周刚进药厂车间不久，因为人很老实，领导比较喜欢他，但他老实得有点过了头，这不，好心办了坏事。

事情是这样的，车间里的工作服每天都要漂洗，洗完晾干要叠起来，车间里人都很忙，小周就每天主动洗衣服、叠衣服。过了没几天，领导问他："衣服是你叠的？叠错了知不知道？那叠的什么玩意啊！"原来，药厂车间里的工作服有严格的叠衣标准，小周叠得不符合标准。

小周心里很委屈，那几天都是垂头丧气的，同事老王看见他很消沉，猜出了大概，就跟他说："领导是不是说你了？"

小周点点头，老王和蔼地说道："领导一般看问题都很准，是咱们确实有问题，可能有时候说得有点过火。咱把自己的问题改了就好，过火的话别太计较，我看他挺喜欢你的，有时候他这人说话有点直。我刚来的时候也被说过，当时领导让我写工作记录，我一马虎给写错了，领导当时正在气头上，看见我写错了，那肯定骂我。挨骂是难免的，但他是对事不对人。"

小周听了之后，又有了积极的心态。

话如饮水，也有冷暖。用自己的悲惨来安慰别人，需要了解别人此时的感受，要记住，安慰人的目的是给人温暖，给人勇气。用自己的悲惨经历来安慰别人，就是通过讲述别人没经历过的苦难来为他传授适当的经验，用善意为他打造一副坚强的盔甲，让他在充满艰辛的生活里不畏荆棘。

说话有尺度，才能赢得信赖

我们经常会遇到朋友失恋的情况，朋友在这个时候最需要安慰，而我们在安慰他们时经常会不小心“踩雷”，其中，最常见的就是“忘了他吧，他根本配不上你”。

柳湘湘和相恋三年的男友分手了，伤心欲绝的她找昔日的舍友大哭了一场。她的舍友一直安慰她说：“他不值得你珍惜，那种男人就是喜新厌旧，表面看起来很浪漫，其实骨子里很花心，你用最好的青春换来遍体鳞伤，值得吗？再说，他家又没什么钱，他根本配不上你。”

柳湘湘说：“不，你不懂，我不后悔，我的青春有他才美丽。不是他配不上我，根本不是经济的问题。我好乱，我想一个人静静。”

有些人失恋了，但另一半在自己心中的位置依然很重要，这时贸然对她说“他配不上你”，岂不是自讨没趣？有的人当初“确认过眼神”，知道此生“遇上对的人”，只是后来人心易变，这时说“他配不上你”，岂不是把两人当初“比翼双飞”时的浪漫给否定了？

失恋的人要么绝情，要么纯情。和绝情的人说这句话，他忘掉另一半是很快，但他冷静下来会想：“你当初怎么不说？等到我们分手才说，故意看我的笑话是吧？”说不定你们的关系也就到此为止了。纯情的人说不定心里还有另一半，说不定有一天他们还会复合，如果他们真的复合了，你就成了“从中作梗”的人，那么说这句话就显得非常不妥。

鞋子合不合脚，只有穿过的人才知道；两个人合不合适，只有爱过的人才最清楚。感情上的事，并不是“当局者迷，旁观者清”。安慰失恋的人时最忌评判他爱过的人，说得不对，就会把自己拉下水。情商高的人在安慰人时，往往总是点到为止，他会引导对方把情绪发泄出来，给他温暖，给他陪伴，让他振作起来，重新面对生活。

实际上，失恋的人根本听不进去好听的话，因为他们的伤痛已把自己封闭住了，再有希望的话也很难进入他们的心里。这时安慰他们是需要技巧的，最好是抱着他听他诉说，因为失恋的人心理很脆弱，抱着他，可以让他感觉有了支持；然后询问他们分手的原因，以此来“对症下药”；安慰的时候可以提及对方的家人等，让他们意识到自己还有依靠，还有重要的人；等他们情绪稳定了，可以带他们出去逛街、唱歌，让他们抛掉烦恼。

夏微凉失恋了，她的闺蜜一直陪伴着她。一天傍晚，闺蜜提议和夏微凉去野外看星星。

躺在野外的山坡上，闺蜜抱着夏微凉，轻轻地抚摸着她的长发，说：“知道我为什么带你来这里吗？”

夏微凉摇了摇头，闺蜜说：“我曾经也失恋过，当时就自己来到了这里，因为这里是我们约会时来过的地方，我在这里想起他的好、他的温暖，后来又想起我们吵架、我们分手，我也痛，我也大哭，我向这山诉说爱情的不完美。”

说着说着，夏微凉的眼泪就情不自禁地流了下来，闺蜜接着说：“哭吧，哭出来就好了，像我一样，把对这世界的恨都发泄出来吧，谁让我们的青春有太多的不成熟。”

等到夏微凉情绪平复之后，闺蜜又轻声地说：“要怪，只能怪我们太年轻，还没经历过太多，你想怎样都是明天的事了，现在哭也哭了，哭累了就靠着我睡吧。”

失恋的人想从失恋的阴影中走出来，是需要很长时间的，安慰的人在这时适当开导就可以，没有必要诋毁他人，更不能嘲讽攻击他的这段恋爱经历。要知道，人在最痛苦的时候是没有理性的，这个时候说一些偏激的话，则可能刺激到他，让他做出不理智的举动。说温情的话也几乎没什么作用，比如：“愿有人待你如初，愿此后深情不被辜负。”有时候，安慰别人、帮人解决问题不是主要目的，保持友谊才是。掌握好尺度，摸准别人的脉搏，才能安慰好别人，得到别人的信赖。

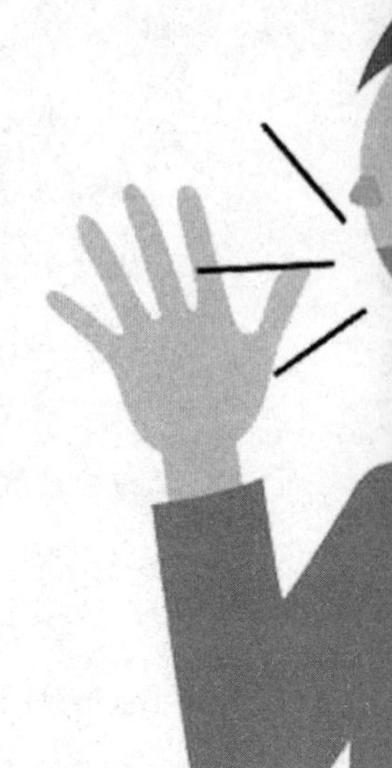

把“坏”事往好里说

在某些情况下，同样一件事情，你从这个角度看，它是坏事，但换个角度，它就可能变成好事。安慰别人的时候，如果能换个角度，把“坏”事解读成好事，听者必定会感到高兴。

岳云鹏在参加《了不起的挑战》时，被各种事情所困扰，就找他师父郭德纲寻求帮助。

郭德纲问他为什么别扭，岳云鹏说最近有网友骂他，他不知道怎么调整心态。郭德纲又问他有多少条骂他的，岳云鹏说有几万条。

郭德纲说：“才几万条啊，我不满意，等几十万条的时候再来找我吧。”

岳云鹏让师父的一番话给说愣了，郭德纲说：“艺人不挨骂就没有道理了。褒贬是买主，喝彩是闲人。好多人骂你也不是真骂，就是骂着玩而已。不同的人站在不同的位置对你有不同的看法。人参果再金贵，猪八戒嚼着也跟萝卜似的。你被人骂，我很欣慰，说明你红了。”

岳云鹏这才发现被骂的价值。

我们经常会对情绪低落的人说：“别难过，我理解，我也经历过，过几天就没事了。”被安慰的人听了之后一般没什么感觉，因为这些话早就成了陈词滥调了，被安慰的人也早对这些话产生“抗药性”了。伤害一个人的一般不是事情本身，而是人们对事情的看法。这时，我们可以尝试去通过改变他人看问题的角度，让对方觉得自己遇到的事不是坏事而是好事，心情必然会瞬间豁然开朗。

有个女生因为形象不出众，面试的时候没有通过，她的朋友问她：“那个面试官是不是只看了你一眼呀?”她说是的，她的朋友说：“其实你是第二眼美女，要多看几眼才能发现你的与众不同。你再试试别的公司。”这个女生开心地笑了，因为她其实很在意自己的相貌。

朋友难过失意的时候，找准对方真正在乎的东西，从这一点上来安慰他，并说一些出其不意的话，这种安慰方式会很有效果。

有人会说，人们失意的情况太复杂了，不可能每次都能猜到他最在意的点是什么，所以，很多时候安慰别人根本无从“下嘴”。不错，我们也许无法猜到别人内心最柔软的地方，但我们可以根据几种情况去揣摩别人最需要“用药”的地方。

其实，人们最在意的无非是工作、学习、家庭、恋情、生意等，只要把握住这几点，大方向就不会错。然后，要仔细分辨说话者回避、留意的东西，这些东西往往潜藏着他们最在意的点。

概括来讲，说话者在说话时有几个线索，我们可以借以摸清他们的软肋：第一，留意说话者的话题方向，和他聊不起来的应该是他不感兴趣的，他专注的话题才是他真正的“痛点”；第二，留意说话者重复的地方，他说得越多的东西，越是他在意的地方；第三，留意说话者刻意回避的话题，这些话题是他们的“伤疤”，他们的心结也许就藏在这“伤疤”后面。

陈经理所在的机械厂要进行人事调整了，原来的生产部总经理升任为企业总经理了，生产部总经理一职的人选迟迟没有敲定，而陈经理就是这生产部总经理的两个人选之一。

一天，总经理找陈经理谈话。谈话中，总经理表示公司想和另一家公司开展大型合作，现在需要派一位业务领域非常有能力的人去实地考察一下，但是这个人选还没有定下来。陈经理听后，问总经理要去多久，总经理说：“这家公司在外地，交通也不方便，考察期间是需要在那家公司吃住的，而且每天都要向公司汇报情况，你要问时间的话，得需要大半个月吧。”

陈经理一听这么久，心里其实不乐意去，说不定在他去考察的时候，生产部总经理的位置就让另一个经理抢去了，那位经理听说和总经理是有关系的，但是总经理找上门来，肯定是想让自己去考察。陈经理不敢犹豫太久，只能答应去。

回到家里，他的妻子肖艳看到他愁容满面，就问他有什么难处，陈经理就把要去考察的事和妻子说了，妻子一开始并不理解这有什么可发愁的，就说：“你以前不是经常出差吗？以前也没见你愁成这样啊。”陈经理说：“你懂啥呀，这个节骨眼上让我出差，我越想越不对头，这不是让我别参与……”

肖艳听出这里话里有话，忽然想到丈夫的公司在竞选生产部经理，丈夫不止一次地说过这事，事业心很强的丈夫把这次竞选当成人生中重要的一步了。

肖艳马上会心地说：“恭喜你呀！陈总经理！”

陈经理愣了半天，问他媳妇什么意思。肖艳说：“你呀，当了这么多年经理了，怎么到这时候反而看不清了呢？你不想想，这么大的合作，如果你考察得非常仔细，给公司促成一桩大生意，你的功劳还有人能跟你争吗?”

陈经理一拍脑袋，说：“哎呀，谁说女人头发长见识短，我家就有一位女诸葛呀。”

安慰人也是一门艺术，是一门操控别人情绪的艺术，如果每个人都能安慰好别人，那么街坊里闲聊的大妈们早就是情绪专家了。因为人被情绪控制的时候，往往外界的事物很难让他分神，这时候和他说安慰的话，即使说得很切中他在意的点，他也很有可能听不进去。这个时候玩个小手段，“出其不意，攻其在意”，就能让他的情绪“防盗门”打开一道缝隙，从而让外面的阳光照进他的心里。

暖心鼓励，给失败者力量

“你这么努力不还是没考上大学？复读有啥用？”一位母亲对自己高考失败的儿子这样说。

“就你这条件，上学都没男生搭理，现在怎么会有人看上你？”同学聚会，一个女生说自己还没有男朋友，却招来舍友的挖苦。

在生活中，这种对话很常见。在失败后，很多人心中本来已经十分难过了，这时却有人喜欢泼冷水，这时失败者肯定会对这些人非常排斥。由此可见，暖心的鼓励对失败者来说非常重要。

在《中国新歌声》里，根据赛制安排，每位导师选好自己的学员后，学员要进行一场十进五淘汰赛，每位导师都要自己选拔5名优秀学员。

在周杰伦组的十进五淘汰赛中，周杰伦说了一句很暖心的话：

“（他们）都是我最喜欢的学员，就是暂时离开的学员，我希望他，可以来到我的演唱会，当我的嘉宾。”

这句话已然给淘汰的学员意外的惊喜了，然后他接着说：“然后留下来的都不会去我的演唱会。”现场气氛非常愉快。周杰伦又说，其实这些学员不管是淘汰了还是晋级了，他们都会有舞台来展现自己，只是舞台不一样罢了，晋级的学员可以继续表演，离开这里的学员可以在我的舞台上继续呈现。

这句暖心的话极好地安抚了被淘汰学员的情绪。

那些善于鼓励别人的人，在安慰失败者的同时也会收获别人的好感，别人会认为他们内心充满正能量，会更愿意和他们交往，他们的路就会越走越宽。

“鼓励绝对是这世界的稀缺资源。”鼓励在生活中很常见，怎么会稀缺呢？就是因为有些人在鼓励失败者的时候，并没有“走心”。虽然出发点是好的，但是鼓励的话听起来有些刺耳，就不会收到暖心的效果。

“事情没你想的那么糟糕，谁没经历过打击呀。”朋友失败时，我们也许都说过这样的话，我们的本意可能是想鼓励他坚强起来，但这样说只会让朋友觉得你“瞧不起”他，觉得他“不堪一击”，很有可能从此埋下矛盾的种子。

“这些都会过去的，继续努力，争取下次成功。”很多人都喜欢用这句话安慰别人，然而，这句话没什么用，有些机会一旦错过，就很难再出现了。对于失败者来说，这次机会肯定非常重要，这次没有成功，可能再也没有机会重来一次了。所以说，这种鼓励方式也没有“走心”。

“你那都不叫事，我更惨。”失败者找你聊天，你却迫不及待地要表现自己的惨，目的可能是用自己的悲惨经历鼓励他，让他看到还有更惨痛的失败，但结果往往是失败者根本不想听，因为他在你的“惨”中看不到希望。

有些人刚入职，无法适应新工作，朋友却劝他辞职，换一个高薪职业。这类鼓励言辞都很不“暖心”。

暖心的鼓励就是给予失败者以情感慰藉，让他看到成功的希望，发现自己的闪光点，不断获得力量。肢体方面，你可以给失败者一个拥抱，让他感到自己并不孤单。语言方面，有三种很暖心的鼓励方式。一是突出失败者的闪光点，比如：“我发现你在这个过程中与同事合作得很好，都可以说达到了‘无缝衔接’的地步了。这次虽然有点遗憾，但你以后发挥长处，补足短板，肯定会有好成绩的。”二是对失败者表示信任，比如：“小李呀，这次没做好，可能是因为你经验不够丰富。没关系，我相信你多做几次就不会失败了。”三是对失败者表示感谢，比如：“太感动了，你的节目真不错，感谢你为我们带来这么赏心悦目的表演，期待你下次的精彩呈现。”

林风追自己心爱的女孩失败了，他忍不住把追求的经历竹筒倒豆子一般和朋友李青宇都说了。

李青宇问他：“她答应做你女朋友了吗？”

林风说：“没有。”

李青宇说：“别难过，两个人合不合适不是一个人说了算的，能走到一起的肯定是两人互相认同。总有人会喜欢你的，只是你没有发现而已。这次别灰心，让自己继续保持拼搏的状态，遇到合适的还要勇敢地追，千万别懈怠，要不就错过下一站了。”

鼓励如药，可以疗伤；鼓励是酒，可以暖心。用暖心的鼓励给予失败者力量时，要对症下药，要抚平他们的情绪，提醒他们机会不止这一次，切不可因为这次的失败影响了以后的发挥。要记住，只有“走心”，才能“暖心”，只有贴心的话才能帮助他们站上高楼，看见希望。

千言万语可能不如一个拥抱

我们在安慰别人时，有时说了千言万语，也无济于事。这时换个方式，拥抱一下对方，或许就会让对方重新振作起来。这是因为，我们拥抱别人时，可以让自己的周身散发出一种热量，能给人最亲最纯的温暖。无论是亲人、朋友，还是陌生人，在他最需要别人理解、关怀的时候，一个拥抱就能让他告别寒冬。

王林的爸爸是有名的严父，严厉、刻板、不苟言笑，孩子犯错时，经常拿皮带抽。而王林小时候很不听话，上学经常打架，因此他爸爸没少打他。

上大学以后，有一次王林把钱借给了同学，他爸爸知道这事后，又要动用家法来教训他，所以以后放假王林都很少回家。工作以后，王林才体会到父母的艰辛，但他受到的委屈依然存在。

当时王林在上海工作，想起自己毕业后一年都没有回家了，就买了张车票，千里迢迢地回到了四川老家。等到他走了三个小时山路到家时，家里正在吃晚饭，他一进门，他爸爸就惊叫起来，激动得冲过来一把抱住了他，嘴里嗫嚅着说：“小子，你终于回来了！”

这是王林从小到大第一次被爸爸抱住，王林顿时感觉心里所有的委屈都化解了。

很多人在情绪上有了波动，并不需要千言万语来抚慰，也许，再多的话都无法打开他们的心结，而一个简单的拥抱却能轻而易举地让人感觉到亲密。所以说，拥抱是最有效的安慰。

有些人不善于表达，安慰别人的时候总是词不达意，即使说了很多，也说不到别人的心坎上，说不定还会哪壶不开提哪壶，这个时候，给对方一个拥抱，就能让对方感觉到自己还有人关心，让身负重担的他在撑不下去的时候，忽然卸掉重压，满血复活。

如今，我们不缺乏各种知识，说起大道理来也是头头是道；我们不缺乏对人的关爱，暖心的语言也层出不穷。但是对于处于情绪低谷的人来说，这些都无法滋润他的心灵，这时，张开你的双臂，轻轻地拥抱他，就能给他平静、温暖的感觉，让他和你产生共鸣，让他和你的磁场相互吸引。

有人说：“她给我拥抱时，她身上的香水味顿时让我酥了下来，她的小脸紧挨着我的下巴，让我有一种充实的感觉，仿佛世界都在我的怀里，我的信心、我的目标那一刻都重新回到了我的心里。”

白枫今天回家已经很晚了，他知道媳妇叶静已经等得不耐烦了，他在门口犹豫着，不知道要不要进家，想着生意上的挫折，他已经不知道这个家还能撑多久。

他推开门时，屋里只开着电视，叶静躺在沙发上没有起身。白枫把外套脱了，就想进屋里一个人静静。这时，叶静说：“站住，你一天到晚都在忙什么？有什么话不能说吗？你还当我存不存在了？”

白枫看看媳妇，到了嘴边的话又咽了下去。叶静从沙发上下来，看着他说：“你有什么难题不能和我说说吗？你只知道你的生意重要，那我呢？我知道你忙，你说出来，我可能解决不了，帮不上什么忙，但你心里总会好受些吧？我知道你为了这个家东奔西走……”

白枫心里更加烦闷，他的脸不自觉地扭到了一边，不敢看他的媳妇，但是叶静还是看到他的眼里闪烁着泪光，在电视机的映照下格外让她心疼。她迅速扑到了白枫的怀里，抱住了他，但是她马上打了个寒战，因为白枫身上还带着外面的冷气，但她抱得更紧了。

白枫一开始被突如其来的拥抱弄得不知所措，但他感觉到了她的柔软、温暖，像是春日绽开的桃花。她的气息扑在他的脸颊上，她的右耳摩擦着他的左耳，他感觉到了世界的安宁。他的内心终于有了片刻的安静，他也伸出双手，坚定地把叶静紧紧地抱在怀里。

他想，就这样抱着，哪怕世界毁灭，也心满意足了。

很多人对别人的话都会产生反感，特别是你不懂别人时，话说得再多，也无法抚平他内心的创伤。这个时候你给对方一个拥抱，就仿佛给对方送去了青春荷尔蒙，让希望的火焰在他心中再次燃起。给人拥抱，就好像在和对方说：“生活再苦，也有人和你同舟共济。”给人拥抱，就像是给风雨中的旅客送去了一碗热乎乎的小米粥，让他们有了归属感，丢掉所有的寒冷。这些都是再多的言语也不能达到的效果。

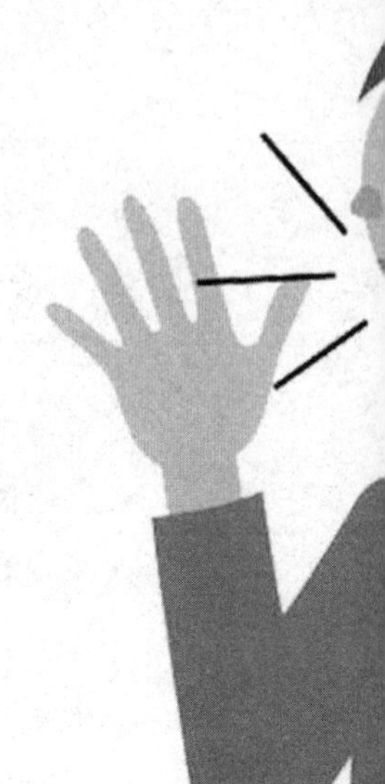

高情商的倾听，是带着同理心

在成年人的世界里，生活的痛、工作的痛、失恋的痛……让人无法安心，这个时候他们需要安慰。或许我们在安慰对方的时候，很喜欢说："我懂，我也经历过。"但是各人的痛苦都是不一样的，单是失恋的痛苦，不同的人就有不同的感受，这时你的一句"我懂"，很有可能让对方的情绪瞬间堵住，无处安放。

在电视剧《欢乐颂》中，曲筱绡安慰失恋的邱莹莹说："你真倒霉，又被男人甩了，不过这样的渣男不要也罢。"邱莹莹更伤心了。关关却和她说："没关系，你哭吧，我在你身边"。

在父母闹离婚时，曲筱绡把财产都给了爸爸，自己身无分文之时，找到了赵启平。这时赵启平看着曲筱绡，眼神里都是"我懂你”，双臂环绕曲筱绡，让曲筱绡感受他胸膛的温暖。曲筱绡的委屈和压力都在这世界静止的怀抱中烟消云散了。

安慰别人的话，耳熟能详的除了“想开点”，还有“别悲观，别难过”“别老想它”等。这些话我们说的时候感觉没力度，听的人也听不进心里去，有的甚至可能当它是风凉话。在人们需要安慰的时候，正确的打开方式就是理解，只有理解别人的苦痛，才能感受对方的心情。

所以说，安慰别人要带着同理心，同理心就是站在对方的角度看问题，让对方觉得跟你“同是天涯沦落人”，是“自己人”，这样对方就会感到自己被理解了，就会放下心理屏障，接受你的安慰。

有同理心的人懂得倾听，会思考对方需要什么，从而将心比心地安慰别人。很多人都愿意和有同理心的人吐露心声，因为和他们说话，会让自己的内心有惬意、温暖的感觉。带着同理心安慰别人是要讲究技巧的。

第一，注意对方的语言、眼神、表情和动作。有些人心情不好时可能没有过激的表现，但他的心情都会从他的神态、语言方面流露出来，这时，认真倾听、观察，才会理解他们的想法。理解了他人的想法，就不会在安慰他人时跑偏，让对方难受、压抑。

第二，给对方最需要的东西。一个痛苦的人因为情绪很明显，不需要刻意观察即可了解，他此时对别人的话也很难听得进去。这个时候，陪伴在其左右，为他的哭诉提供肩膀和纸巾，让他把情绪尽情发泄出来，他就不会感到别扭、憋得慌。

第三，情况比较复杂，并且自己不知道理解得对不对时，要主动询问，从和对方的谈话中寻找关键信息，看清对方在意的到底是什么，从而给对方一颗“定心丸”。

林彤的朋友找他诉苦：“我老婆最近做生意赚了点钱，开始大手大脚地花钱，化妆品、衣服买了又买，不知道勤俭持家。都三十多岁的人了，孩子也七八岁了，成天把心思用在打扮上，我怀疑她是不是外面有人了。要是没外遇，那么穷打扮为了给谁看？为了这件事情我和她不停地吵架，她竟然嚷着说：‘我就是有外遇了，你想过就过，不想过就离！’”

林彤一直在旁边听着，等朋友说完，他才说：“我听出来了，那你媳妇每天都回家吗？对孩子怎么样？是不管了吗？孩子生活是你在照顾吗？”

朋友说：“孩子还是她管，那毕竟是她亲生的，她肯定要回来看孩子。要是没孩子，我说离就离。”

林彤说：“我劝你先冷静冷静。你听我说，你媳妇要是有外遇，怎么每天准点回家？那些有外遇的早就跑了。她说有外遇，那是说的气话，她又管孩子，又要做生意，你又帮不上忙，她哪有时间搞外遇？现在女人买化妆品很正常，你可以看看我媳妇的化妆品，满桌子都是。现在生活条件好了，女人们开始注重美了，她们化了妆做生意，更能把生意做红火了，她这也是为了家。你要是还不放心，我们两口子给你们劝劝。你想想是不是这么个理？”

带着同理心安慰人，就要做到接受对方的情绪，理解对方的想法，将心比心，认真倾听，争取在对方的谈话中找到突破点。不过，要注意的是，用同理心安慰人，并不是说让你用同情心安慰人；你要让自己的话深入对方内心，让对方舒服，而不是让自己的话变成别人的“耳旁风”；要让自己丰盛起来，而不是给对方一块“鸡肋”。

真诚的认可和赞扬，效果最好

有时候，一句无心的责备会让失意者更加难受，就像是寒冬里的北风，会让冷意更加刺骨。如果我们能对情绪处于低谷的人们加以肯定、赞美，就会像阳光照到大地上一样，让埋藏在土里的嫩芽破土而出。

狄更斯当初所受的教育不到4年，但他想成为一个作家。他在伦敦饱尝饥饿，好不容易才找到一份给墨水瓶贴签条的工作，而这份工作的地点是在满是老鼠的货仓里，有时候老鼠从他的脚边跑过，让他在夜里不断惊醒。

他每天夜里还要坚持写作，但他怕别人嘲笑自己的作品，只能在夜里把书稿寄给编辑，但他的书稿经常被退回来。他一度不想再碰纸笔了，但他还是抱着再试一试的心态投出了一本稿子。

终于，他的稿子被采用了，看过书稿的编辑由衷地称赞他的作品。他终于看到了曙光，高兴得在街上狂奔。他知道自己的辛苦没有白费，更加坚定了他写作的梦想。如果没有这次称赞，狄更斯可能永远都要受冻挨饿了。

生活如一首歌，有高潮部分，也有伴唱部分。每个人当初都有自己的小憧憬，然而许多时候事与愿违。生活中，成功者毕竟是少数，多数人还在为撞线而奔跑，也有不少人为落在后面而失意。成功者固然可喜可贺，但失意者也需要赞扬，因为他们在失意后看不清自己的优点，会认为别人对他的评价很糟糕，感觉自己一事无成，自己也无法面对亲朋好友，甚至认为自己无脸见人。

赞美和认可失意者，是一种理性的心态，是缓和人际关系的良药。“三十年河东，三十年河西。”成功者与失意者不是永远保持不变的，有的人会高开低走，有的人会咸鱼翻身。有些人受过一次重大打击就会陷入低谷，在他们失败的时候，真诚的认可和赞扬对他们非常重要，因为人们都很注重外界的评价，都希望得到别人的认同。这个时候给他们温暖，我们就能收获他们的友情。

对失意者加以认可，好比雪中送炭，虽然只有一两句话，却能够给他们带来信心、力量和勇气，让他们产生良好的情绪，重新起跑，坚定自己前进的脚步，从失败者变成成功者。

失意的人是需要赞美，但是不能用假大空的话来忽悠对方。赞美就像是生日蛋糕，吃了一块还好，但是吃多了，里面的奶油就会让人感觉很不舒服。情商高的人就知道怎么赞美别人才是恰到好处，让失意的人走出低谷。要想让赞美发挥作用，就要立足于真诚，拿捏好分寸，张弛有度。

周海青所在的部门近来人手短缺，大部分同事被调到了新的办公地点，但是部门里的工作还要照常开展，所以分给周海青的任务比平时多了两倍。周海青也理解公司的难处，但手上的任务多了以后，他有点吃不消，有时会出现一些小纰漏，为此，主管批评了他好几次。

周海青实在想不开，感觉很委屈，他认为任务重，自己也没有抱怨过什么，主管却小题大做，不依不饶。这天，周海青实在忙不过来了，主管看到他有个工作还没做，劈头盖脸就说了他一顿，骂得他灰头土脸，周海青就和同事说他有了辞职的念头。

这事让上级领导知道了，就找周海青谈话，说："你的付出公司都看到了，我们知道你的辛苦。主管她的压力也挺大，她不是只看到你犯的错，没看见你的优点。她这次办事确实不对，我让她给你道歉。你很负责、很踏实，公司把这些任务安排给你是信任你的能力。谁都会出错，特别是在这种艰难的情况下，我相信有你，我们能渡过这个难关。现在正是需要人的时候，等到以后评优秀员工，有升职的机会，我们会优先考虑你的。最后还是希望你能坚持一下，咱们共同挺过这段时期。"

周海青点点头，说："我不是冲着职位……但我肯定给您干好，这次让您费心了……"

在生活中，真诚的认可、赞美能够拉近两个人的距离，也是破冰的关键，可以提高失意者的信心和动力，也可以让人放下芥蒂，激发他努力前进的勇气。当然，认可、赞美人的时候，最重要的是真诚，只有真诚，才能入心，才能让人呼吸到雨过天晴后的新鲜气息。